SCÉNARIO 1

Cahier d'exercices

Édith Turbide　　　　Marc Culioli

HACHETTE
Français langue étrangère
www.hachettefle.fr

Couverture : Amarante

Conception graphique et mise en pages : MÉDIAMAX

Édition : Sarah Billecocq

Illustrations (sauf page 76) : Raphaël Delerue

Illustration page 76 : Margaux Motin

Photos page 9 : © Hubert Boesl/dpa/Corbis (gauche) ; © Stéphane Cardinale/People Avenue/Corbis (droite)

ISBN 978-2-01-155562-5

© HACHETTE LIVRE 2008, 43 quai de Grenelle, 75 905 Paris Cedex 15.
www.hachettefle.fr

SOMMAIRE

BIENVENUE !

1 **Pour chaque situation, retrouvez la phrase correcte.**

1. Vous saluez de manière formelle.
2. Vous saluez de manière informelle.
3. Vous prenez congé de manière formelle.
4. Vous prenez congé de manière informelle.

a. « Salut, à demain ! »
b. « Bonjour monsieur Darmon. »
c. « Au revoir, madame. »
d. « Salut Théo ! »

2 **Associez.**

1. « Bonjour ! Comment tu t'appelles ? »
2. « Salut Lola ! »
3. « Au revoir, monsieur Deluc. »
4. « Bonjour madame Jouve. »

a. « Salut, à samedi ! »
b. « Bonjour monsieur Stévenin. »
c. « Salut ! Moi, c'est Nathan ! »
d. « Au revoir, monsieur Vargas. »

3 **Complétez les dialogues suivants avec les mots ci-dessous. Puis associez chaque dialogue au dessin correspondant.**

c'est – moi – demain – salut – au revoir – comment – monsieur – m'appelle

a.   b.

1. – Salut ! .... tu t'appelles ? Moi, ... Alex !

   – .... Alex ! ...., je .... Noémie !

2. – Au revoir, ... Breton.

   – ...., madame Frégé. À .... !

4 **Associez.**

1. C'est un
2. C'est une
3. Ce sont des

a. télévision.
b. fruits.
c. café.
d. acteur.
e. chanson.
f. croissant.
g. taxi.
h. photos.
i. villes.

BIENVENUE !

5 Pour découvrir le nom de deux villes françaises codées, retrouvez le chiffre de 1 à 9 correspondant à chaque lettre.

C + C + C = 3 I + L + E = 17 L + C + I = 13 N + C + N = 15 E + C + L = 9 I + I + N = 25 L + N + E = 15	Le C est le *1*. Le E est le .... . Le I est le .... . Le L est le .... . Le N est le .... .

1. Ville 1 : 7915 = _ _ _ _

2. Ville 2 : 39335 = _ _ _ _ _

6 Retrouvez quatre jours de la semaine.

1. __ A __ __ I

2. J __ __ D __

3. __ E N __ __ E __ I

4. __ I __ A __ C __ E

7 Retrouvez dans la grille 6 nombres de 0 à 20.

T	R	O	S	E	I	Z	E
N	Q	U	I	L	U	S	T
E	Z	O	M	E	F	S	R
U	D	E	U	X	C	E	E
F	O	U	M	P	R	P	I
S	I	L	A	V	I	T	Z
X	F	C	I	N	Q	M	E
U	B	E	O	Z	O	X	Y

1. ....

2. ....

3. ....

4. ....

5. ....

6. ....

8 **Lisez la série de nombres ci-dessous, puis retrouvez la seule carte Bingo qui contient ces 9 nombres.**

- **a.** Soixante-trois.
- **b.** Quarante-sept.
- **c.** Trente-six.
- **d.** Quinze.
- **e.** Trente.
- **f.** Dix.
- **g.** Cinquante-neuf.
- **h.** Vingt-quatre.
- **i.** Douze.

1.

36	15	24
12	63	10
30	59	47

2.

36	5	24
2	63	6
13	59	47

3.

36	15	29
2	63	10
30	58	47

La bonne carte Bingo est la carte numéro . . . .

9 **Complétez les séries.**

- **1.** cinq – dix – . . . . – vingt.
- **2.** vingt et un – trente et un – . . . . – cinquante et un.
- **3.** quarante-quatre – . . . . – vingt-deux – onze.
- **4.** vingt-neuf – trente-neuf – quarante-neuf – . . . .
- **5.** . . . . – cinquante-six – quarante-six – trente-six.

10 **Qui parle ? Cochez la bonne réponse.**

	Le professeur	Les étudiants
1. « Ouvrez votre livre page 24. »	☐	☐
2. « Comment on dit en français ? »	☐	☐
3. « Comment ça s'écrit ? »	☐	☐
4. « Travaillez avec votre voisin. »	☐	☐
5. « Qu'est-ce que ça veut dire ? »	☐	☐
6. « C'est clair ? »	☐	☐
7. « Faites des groupes de trois. »	☐	☐
8. « Comment ça se prononce ? »	☐	☐

1 📖 ▶ Livre de l'élève p. 16 **Réécoutez les dialogues et cochez la bonne réponse.**

1. Les invités sont :
- ☐ dans une ambassade.
- ☐ dans une école de langues.
- ☐ dans une discothèque.

2. Steven et Mark étudient :
- ☐ l'anglais.
- ☐ l'italien.
- ☐ le français.

3. Claudio :
- ☐ travaille et étudie.
- ☐ est professeur.
- ☐ étudie l'espagnol.

4. Steven présente Mark à :
- ☐ Sylvie.
- ☐ Tania.
- ☐ Dora.

2 **Complétez les dialogues à l'aide des mots ou groupes de mots ci-dessous.**

voilà – je te présente – c'est Sofia – je vous présente – je m'appelle

1. – C'est qui ?

– ...., la photographe de la soirée.

2. – Chenda, ... Antoine. Il est canadien.

– Salut !

3. – Madame, ... Nils, mon ami, il est journaliste.

– Enchantée. Léonore Levasseur. Je suis professeur à l'Institut.

4. – Moi, c'est Yanis, je suis turc. Et toi ?

– Moi, ... Mila, je suis bulgare.

5. – Ah, ... Redouane !

– Enfin !!

3 **Entourez la bonne proposition.**

1. Il travaille dans une banque. Il a *14 ans / 40 ans.*

2. La fac ? C'est fini ! Maintenant, *je cherche du travail / j'étudie à l'université.*

3. Elle est professeur. Elle travaille *à l'Institut européen des langues / dans une discothèque.*

4. Sofia, c'est une bonne photographe ? *Oui / Non*, elle est fantastique.

5. En cours de français, nous étudions *l'anglais / le français.*

4 Paul, Carla, Lisa et Max sont à la soirée d'accueil de l'Institut européen des langues.
Lisez les informations suivantes et complétez les 4 badges.

1. L'Italienne est étudiante.
2. Le Suisse s'appelle Paul.
3. L'Allemande présente Carla à Max.
4. Le chanteur est suédois.
5. Le professeur et la journaliste sont amis.

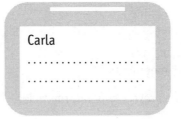

5 ▶ Livre de l'élève p. 17 **Relisez le document B et retrouvez les 5 erreurs dans la présentation de Laura.**

Laura est suisse. Elle habite à Lausanne. Elle a 19 ans. Elle étudie l'anglais. Elle parle allemand et français. Elle cherche un(e) correspondant(e) de 25-30 ans.

6 Complétez les questions, puis associez les questions et les réponses.

1. Tu as quel . . . . ?

2. Il a 20 . . . . ?

3. Vous avez . . . . ans ?

4. Tu habites . . . . Lyon ?

5. Elle . . . . quel âge ?

6. Elles ont . . . . âge ?

7. Vous habitez à . . . . ?

a. 19 ans.

b. Non, à Montpellier.

c. Elle, elle a 21 ans.

d. À Montréal ? Oui, rue Sainte-Catherine.

e. J'ai 24 ans et toi ?

f. 30 ans ? Non, nous avons 25 ans.

g. Non, il a 16 ans.

7 Présentez ces deux personnes célèbres.

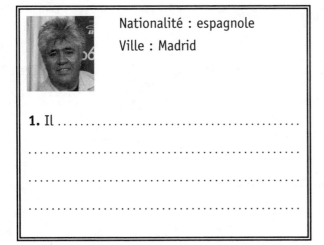

Nationalité : espagnole
Ville : Madrid

1. Il . . . .

Nationalité : française
Ville : Paris

2. Elle . . . .

GRAMMAIRE

Le verbe *être*

1 **Entourez la bonne réponse.**

1. Virginie, elle *es / est* française.

2. Nous *sommes / sont* étudiants.

3. – C'*est / es* qui ?

   – C'*est / es* Ali. Il *sont / est* marocain.

4. Vous *suis / êtes* photographe ?

5. – Thomas et Nicolas *êtes / sont* ingénieurs ?

   – Thomas, oui, mais Nicolas, lui, il *est / suis* informaticien.

6. – Tu *sommes / es* russe ?

   – Non, suédois.

7. Je *suis / sont* médecin.

Les pronoms personnels

2 **Trouvez les pronoms sujets.** *(Plusieurs réponses sont possibles.)*

1. . . . . habite.

2. . . . . invitons.

3. . . . . es.

4. . . . . parlez.

5. . . . . m'appelle.

6. . . . . avons.

7. . . . . travaillent.

8. . . . . aimes.

9. . . . . étudiez.

10. . . . . sommes.

11. . . . . cherche.

12. . . . . ont.

3 **Complétez les phrases suivantes avec des pronoms toniques.**

– . . . . , je m'appelle Jacob. Et . . . . , vous vous appelez comment ?

– . . . . , c'est Lola. Et . . . . , il s'appelle Vincent.

– Vous êtes étudiants ?

– Non, ... , je suis informaticien et . . . . , elle est actrice. Et . . . . , tu travailles ?

– Non, je suis étudiant. J'étudie la médecine avec Charlotte et Yvan.

– Charlotte et Yvan ? Ils sont polonais ?

– Non, ... , je suis polonais, mais . . . . , ils sont russes.

– . . . . , nous sommes allemands, mais nous habitons à Londres.

– Et Tatiana et Élodie ?

– . . . . , elles sont françaises et habitent à Milan.

Le verbe *avoir*

4 **Complétez avec le verbe *avoir*.**

1. Ils .... 18 ans.

2. Tu .... une voiture.

3. Vous .... une amie anglaise.

4. – J'............... 20 ans. Et toi, tu .... quel âge ?

   – 21 ans.

5. Nous .... des cousins à Barcelone.

6. Elle .... un correspondant japonais.

7. – Vous .... un badge pour la soirée d'accueil ?

   – Oui, voilà.

Les verbes *être* et *avoir*

5 **Complétez le texte suivant avec le verbe *être* ou *avoir*.**

Florinda et Roberto .... étudiants Erasmus. Ils .... portugais. Ils habitent

à Stockholm avec Caroline et Olivier. Caroline .... allemande. Elle .... étudiante

en économie. Caroline et Olivier .... 18 et 24 ans. Olivier .... journaliste.

Il .... une petite amie. Elle .... française, comme Olivier.

Les verbes en *-er*

6 **Trouvez le bon verbe et conjuguez au présent.**

| habiter | inviter | aimer | s'appeler | étudier | présenter | travailler | parler |

1. Il .... l'économie.

2. Nous .... russe et anglais.

3. J'................... danser la salsa.

4. Vous .... à Venise.

5. Tu .... le week-end ?

6. Ils .... David et Théo.

7. Elle .... Philippe ?

8. Je vous .... Jean-Luc Scheller.

7 **Faites des phrases. Attention, conjuguez les verbes.**

Exemple : (étudier / français / vous / le) ➝ *Vous étudiez le français.*

1. (présenter / Mathieu / je / te) ....

2. (correspondant / chercher / un / tu) ....

3. (il / amis / inviter / des) ....

4. (Barcelone / nous / travailler / à) ....

5. (rue Mistral / habiter / Lise / Pascale / et) ....

COMPRENDRE ET *Agir*

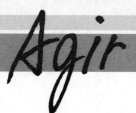

MODULE 1

Leçon 2

1 📖 ▸ Livre de l'élève p. 20 **Relisez le document A et dites si c'est vrai, faux ou si cela n'est pas dit (?).**

	Vrai	Faux	?
1. L'affiche parle d'un club de cinéma.			
2. Le club est à Toulouse.			
3. La secrétaire du club s'appelle Alexandra Levasseur.			
4. Un étudiant paie 33 €.			
5. Le numéro de téléphone est le 05 44 27 36 99.			

2 📖 ▸ Livre de l'élève p. 20 **Réécoutez le dialogue B et retrouvez le texte correspondant à la situation.**

1. Élodie Dubois est étudiante. Elle a 20 ans. Elle est à la bibliothèque.
2. Élodie Dubois est étudiante. Elle est au club photo. Elle parle à la secrétaire du club.
3. Élodie Dubois est étudiante. Elle a une adresse mél. Elle est au club photo.

3 **Associez les questions et les réponses.**

1. Vous vous appelez comment ?
2. Vous avez quel âge ?
3. Quelle est votre adresse mél ?
4. Quel est votre numéro de téléphone ?
5. Vous avez une photo ?

a. 01 28 33 15 57.
b. 16 ans.
c. Oui, voilà.
d. Vincent Dulac.
e. C'est v.dulac@yahoo.fr.

4 **Remettez dans l'ordre le dialogue suivant.**

a. Axelle : J'ai 18 ans. . . . . . .
b. Axelle : Je m'appelle Axelle Duchatel. . . . . . .
c. Axelle : Bonjour, monsieur, c'est pour une inscription. . . .1. .
d. Axelle : Oui, voilà. . . . . . .
e. Axelle : Non, D.U.C.H.A.T.E.L. . . . . . .
f. Secrétaire : Oui, quel est votre nom ? . . . . . .
g. Axelle : Non, mais j'ai un numéro de téléphone, c'est le 02 34 59 16 30. . . . . . .
h. Secrétaire : T.E.L. Et quel est votre âge ? . . . . . .
i. Secrétaire : Ça s'écrit D.U.C.H.A.T.E.L.L.E ? . . . . . .
j. Secrétaire : Vous avez une adresse mél ? . . . . . .
k. Secrétaire : Merci. Vous avez deux photos ? . . . . . .

5 **Lisez le dialogue suivant puis complétez la fiche d'inscription de Marie.**

– Bonjour, mademoiselle, c'est pour une inscription.
– Oui, vous êtes étudiante ?
– Non, je travaille, je suis photographe.
– Et vous vous appelez comment ?
– Marie Besson. Besson, ça s'écrit B.E.S.S.O.N.
– Vous avez quel âge ?
– 33 ans.

12

– Vous avez une adresse mél ?
– Oui, c'est marie point besson arobase wanadoo point fr.
– Et votre numéro de téléphone ?
– 01 34 66 45 19.
– Vous avez une photo ?
– Oui, voilà.

```
                    BIBLIOTHÈQUE

    M. ☐         Mlle ☐              Mme ☐

    Nom : ...........................................

    Prénom : ........................................

    Âge : ...........................................

    Profession : ....................................

    Adresse mél : ...................................

    Téléphone : .....................................
```

6 **Écrivez la date de quelques fêtes célébrées en France.**

Exemple : Noël : *c'est le 25 décembre.*

1. L'Épiphanie : ....

2. La Saint-Valentin : ....

3. Pâques : ....

4. La fête du travail : ....

5. La fête des Pères : ....

6. La fête nationale : ....

• Noël : 25/12	• La fête du travail : 1/05
• L'Épiphanie : 6/01	• La fête des Pères : 15/06
• La Saint-Valentin : 14/02	• La fête nationale : 14/07
• Pâques : 23/03	

7 **Présentez Tom Smith.**

```
Nom : Smith
Prénom : Tom
Nationalité : américaine
Âge : 28 ans
Profession : journaliste
Ville : Boston
Langues parlées : anglais, espagnol, italien
```

Il ....

....

....

....

....

....

GRAMMAIRE

L'adjectif interrogatif *quel*

1 Complétez les phrases suivantes avec la forme correcte de l'adjectif interrogatif.

1. .... est votre nom ?

2. .... est votre âge ?

3. .... est votre adresse mél ?

4. .... sont vos sports préférés ?

5. .... est votre numéro de téléphone ?

6. .... sont vos actrices préférées ?

7. .... est leur nationalité ?

8. .... sont vos prénoms ?

2 Trouvez les questions avec *quel, quelle, quels* ou *quelles.*

1. .... ? Il a 36 ans.

2. .... ? Avril Lavigne et Björk.

3. .... ? J'habite à Marseille, 7 rue des Mimosas.

4. .... ? Il est ingénieur.

5. .... ? Juillet et août.

L'article défini

3 Complétez les phrases suivantes avec les articles *le, la, l'* ou *les.*

1. Ils travaillent à .... Institut français de Londres.

2. Tu invites .... amis de Vanessa ?

3. Nous habitons dans .... rue Victor Hugo.

4. Il étudie .... espagnol avec moi.

5. Quel est .... numéro de téléphone de Lucie ?

6. Tu as .... adresse mél de Pierre ?

7. Qui est-ce ? C'est .... professeur d'anglais de Marie.

8. Nous cherchons .... photos de Venise.

9. Vous venez pour .... inscription.

10. Elle est .... secrétaire du club.

4 **Masculin ou féminin ? Cochez la bonne réponse.**

	Masculin	Féminin
1. sport	☒	☐
2. musique	☐	☐
3. adresse	☐	☐
4. film	☐	☐
5. livre	☐	☐
6. âge	☐	☐
7. profession	☐	☐
8. passeport	☐	☐
9. nationalité	☐	☐
10. mois	☐	☐
11. langue	☐	☐
12. magazine	☐	☐

5 **Mettez le texte suivant au pluriel.**

Moi, je suis anglais, mais je travaille à Berlin. Je suis ingénieur et j'ai 25 ans. J'habite avec un ami français. Lui, il est étudiant. Il étudie l'architecture. Il a 20 ans.

Nous, nous sommes ....

....

....

....

6 **Associez A, B et C et faites des phrases.**

A
Nous
Le professeur
J'
Vous
Ils

B
corrige
cherchez
écoutons
discutent
observe

C
le dialogue de la page 20.
les phrases de l'exercice.
le correspondant d'Antoine.
avec les amis de son père.
les fautes des étudiants.

1. *Nous écoutons le dialogue de la page 20.*

2. ....

3. ....

4. ....

5. ....

Vocabulaire

1 **Devinez quelle langue ils parlent.**

1. Elle parle ....

2. Il parle ....

3. Il parle ....

4. Elle parle ....

2 **Complétez les phrases suivantes avec des adjectifs de nationalité.**

1. Il habite à Madrid. Il est ....

2. Elle habite à Berlin. Elle est ....

3. Il habite à Athènes. Il est ....

4. Elle habite à Tokyo. Elle est ....

5. Il habite à Genève. Il est ....

6. Elle habite à Ankara. Elle est ....

3 **Donnez la nationalité de ces personnes célèbres.**

1. Angelina Jolie est ....

2. Penélope Cruz est ....

3. David Beckham est ....

4. Beethoven est ....

5. Federico Fellini est ....

6. Céline Dion est ....

7. Laure Manaudou est ....

8. Dostoïevski est ....

4 **Écrivez les dates.**

Exemple : samedi 19/02 : *Nous sommes le samedi 19 février.*

1. mercredi 03/06 : ....

2. vendredi 24/08 : ....

3. lundi 01/12 : ....

4. jeudi 31/01 : ....

5. dimanche 16/10 : ....

6. mardi 28/07 : ....

5 **Retrouvez les mois de l'année.**

1. Mois de 28 ou 29 jours : ....

2. Mois en 3 lettres : ....

3. Mois commençant par A : ....

4. Mois commençant par D : ....

6 Retrouvez dans la grille six mois de l'année.

1. ....

2. ....

3. ....

4. ....

5. ....

6. ....

O	C	T	O	B	R	E	N	O	M
A	G	E	F	E	R	S	I	J	W
A	V	J	U	I	N	F	Y	A	O
J	U	I	M	S	T	E	L	N	Q
D	E	M	A	H	A	D	R	V	M
L	U	I	R	S	S	P	O	I	A
B	K	O	S	A	O	S	P	E	I
M	A	Y	D	U	V	N	Z	R	L
F	J	U	I	L	L	E	T	M	A
O	C	J	D	E	S	F	G	R	H

7 Composez dix nombres avec les éléments ci-dessous. Écrivez-les en lettres et en chiffres.

un – quatre – douze – seize – vingt – soixante – et

1. *vingt-quatre/24*

2. ....

3. ....

4. ....

5. ....

6. ....

7. ....

8. ....

9. ....

10. ....

8 Écrivez en chiffres les numéros de téléphone suivants.

1. zéro deux, soixante-cinq, vingt-quatre, quatre-vingt-treize, quinze.   ....

2. zéro un, quarante-sept, cinquante et un, dix-huit, trente.   ....

3. zéro quatre, soixante-dix-sept, onze, cinquante-neuf, quatorze.   ....

Phonie-graphie

9 Complétez les phrases suivantes par *as, a* ou *à*.

Hana habite .... Prague. Elle .... 20 ans. Elle .... des amis japonais, Yukio et Keiko.

Ils travaillent .... l'ambassade du Japon .... Prague.

Hana, Yukio et Keiko sont .... l'Institut français, ... la bibliothèque, pour une inscription.

Hana demande : « Tu .... une photo, Yukio ? » « Oui, voilà. »

10 Complétez les phrases suivantes par *es, est* ou *et*.

1. Alice .... Martin sont danois. Alice .... étudiante en médecine. Martin, lui, étudie l'architecture.

   Ils ont 24 .... 26 ans. Ils parlent danois, anglais .... français.

2. – Tu .... russe ?

   – Oui .... toi ?

   – Moi, je suis portugaise. .... elle, c'........ qui ?

   – C'........ Kate. Elle .... anglaise.

COMPRENDRE ET *Agir*

1 📖 ▶ Livre de l'élève p. 26 **Relisez la lettre et dites si c'est vrai, faux ou si cela n'est pas dit (?).**

	Vrai	Faux	?
1. Antoine est à Marrakech.	☐	☐	☐
2. Il travaille avec des ingénieurs marocains.	☐	☐	☐
3. Amina a 20 ans.	☐	☐	☐
4. Elle est française.	☐	☐	☐
5. Elle étudie l'espagnol.	☐	☐	☐
6. Les amis d'Antoine ont une nouvelle maison.	☐	☐	☐
7. Juliette a 10 ans.	☐	☐	☐
8. Sur la photo, Antoine et Amina sont à Agadir.	☐	☐	☐

2 **Complétez la lettre avec les mots ou groupes de mots suivants.**

super – Chloé – 30 ans – Comment vas-tu ? – sympathique – Madrid – cubain – Grosses bises – Pablo – le 2 août 2007 – à l'Institut Cervantès – Chère Johanna

> Madrid, ...
>
> ....,
>
> .... ? Moi, je vais bien. Je suis à ....,
>
> c'est .... ! Le matin, j'étudie l'espagnol ....
>
> Le professeur s'appelle .... Il est ....,
>
> il a .... et il est très ....
>
> Et toi, ça va ? Et tes vacances à Lisbonne ?
>
> ...., ...

3 **Relisez la lettre de l'exercice 2 et cochez la bonne réponse.**

1. Chloé est à :
☐ Lisbonne.
☐ Barcelone.
☐ Madrid.

2. Elle étudie :
☐ l'économie.
☐ la médecine.
☐ l'espagnol.

3. Le professeur s'appelle :
☐ Pablo.
☐ Pedro.
☐ Ernesto.

4. Il est :
☐ espagnol.
☐ cubain.
☐ colombien.

5. Il a :
☐ 30 ans.
☐ 32 ans.
☐ 27 ans.

4 📖 ▶ Livre de l'élève p. 27 **Relisez le document B et dites si c'est vrai, faux ou si cela n'est pas dit (?).**

	Vrai	Faux	?
1. L'adresse du site internet est www.caricatures.fr.	☐	☐	☐
2. Les caricatures sont gratuites.	☐	☐	☐
3. Sur la caricature centrale, la femme porte des lunettes.	☐	☐	☐
4. Elle a les cheveux raides.	☐	☐	☐

5 Faites des phrases en utilisant les mots suivants.

| italien | 19 ans | J'ai | brun | des lunettes | étudiant | les yeux bleus | Je suis | un ami brésilien |

1. ....

2. ....

3. ....

4. ....

5. ....

6. ....

7. ....

6 Lisez les informations suivantes et retrouvez la description de Thomas, Xavier et Simon.

1. Le roux a les yeux verts.
2. Xavier est brun.
3. Simon a une moustache.
4. Le brun aux yeux noirs a une barbe.
5. Le blond aux yeux bleus porte des lunettes.

	Cheveux	Yeux	Signe particulier
Thomas			
Xavier			
Simon			

7 Lisez les informations suivantes et faites la description de Léo et d'Anna.

	Cheveux	Yeux	Signe particulier
Léo	raides / courts / bruns	verts	barbe / menton carré
Anna	bouclés / longs / blonds	bleus	lunettes / nez pointu

1. Léo ....

....

2. Anna ....

....

8 Répondez à la petite annonce. Présentez-vous (nom, âge, physique, ...).

Agence de casting SNY 24 ■■■■■	....
	....
Cherche acteurs/actrices **pour le nouveau film de Renaud Wilson**	....
	....
■■■■■■■■■■■■■■ sny24@yahoo.fr	....

GRAMMAIRE

Le verbe *aller* au présent

1 **Complétez avec le verbe *aller*.**

– Salut Stéphanie ! Tu .... bien ?

– Oui, ça .... , je .... bien. Et vous, comment .... -vous ?

– Nous, nous .... bien, mais Théo est malade.

– Et Emma et Ninon ?

– Elles, elles .... très bien.

L'adverbe interrogatif *comment*

2 **Associez les questions et les réponses.**

1. Il s'appelle comment ?
2. Ça s'écrit comment ?
3. Vous êtes comment ?
4. Comment ça va ?
5. Elle est comment ?

a. Je suis rousse et j'ai les yeux bleus.
b. Bien, merci.
c. Elle est très sympathique.
d. Christian Jouve.
e. D.U.R.A.N.D.

3 **Trouvez les questions avec *comment*.**

– .... ?

– Elle s'appelle Lya.

– .... ?

– L.Y.A.

– .... ?

– Elle est brune et a les yeux verts.

4 **Trouvez les questions avec *quel*, *quelle* ou *comment*.**

1. .... ? Bien et vous ?

2. .... ? 33 ans.

3. .... ? Il est roux.

4. .... ? 02 45 39 16 90.

5. .... ? Avec un *S*.

6. .... ? e.goya@yahoo.fr.

Le masculin et le féminin des adjectifs

5 Qui parle ? Complétez le tableau.

	Un homme	Une femme	On ne sait pas
1. Je suis gourmande.			
2. Je suis énergique.			
3. Je suis franc.			
4. Je suis grand.			
5. Je suis sincère.			
6. Je suis heureuse.			
7. Je suis jalouse.			
8. Je suis sensible.			
9. Je suis curieux.			
10. Je suis optimiste.			

6 Trouvez le féminin des adjectifs suivants.

1. Doux → ....
2. Gentil → ....
3. Heureux → ....
4. Petit → ....
5. Actif → ....
6. Généreux → ....
7. Gros → ....
8. Roux → ....
9. Intelligent → ....
10. Sportif → ....

7 Qui parle ? Pierre et Julia ? Julia et Inès ? Pierre et Jérémy ? *(Plusieurs réponses sont possibles.)*

	Pierre et Julia	Julia et Inès	Pierre et Jérémy
1. Nous sommes rousses.		✗	
2. Nous sommes francs.			
3. Nous sommes curieux.			
4. Nous sommes optimistes.			
5. Nous sommes jalouses.			
6. Nous sommes français.			
7. Nous sommes créatifs.			
8. Nous sommes affectueux.			

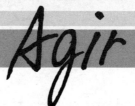
1 📖 ▸ Livre de l'élève p. 30 **Relisez le document A, puis cochez la case correcte.**

	Pascal	Maëlle	Kim	Mourad
1. Il/Elle adore le karaté.	☐	☐	☐	☐
2. Il/Elle n'aime pas la solitude.	☐	☐	☐	☐
3. Il/Elle mesure 1 m 58.	☐	☐	☐	☐
4. Il/Elle déteste le rap.	☐	☐	☐	☐
5. Il/Elle a 18 ans.	☐	☐	☐	☐
6. Il/Elle apprécie la lecture.	☐	☐	☐	☐
7. Il/Elle pèse 97 kilos.	☐	☐	☐	☐
8. Il/Elle adore le ski.	☐	☐	☐	☐
9. Il/Elle habite en Haute-Savoie.	☐	☐	☐	☐
10. Il/Elle est grand(e) et musclé(e).	☐	☐	☐	☐

2 **Choisissez un élément de chaque groupe pour faire une phrase. *(Plusieurs réponses sont possibles.)***

j' nous tu ils	*détestent apprécie aimes adorons*	l' le la les	basket émissions sportives histoire montagne

1. ....

2. ....

3. ....

4. ....

3 **Voici la fiche d'un nouveau candidat pour *Les Aventuriers de l'île de Ré*. Présentez-le en quelques lignes.**

> **Prénom :** Roberto   **Âge :** 26 ans
>
> **Département :** Var
>
> **Physique :** 1 m 85, 90 kg, très musclé
>
> **Goûts :** +++ musculation, +++ football,
> + lecture – discothèque, – – – solitude

....

....

....

....

....

....

4 📖 ▸ Livre de l'élève p. 31 **Réécoutez le dialogue B et dites si c'est vrai, faux ou si cela n'est pas dit (?).**

	Vrai	Faux	?
1. Laura téléphone à Baptiste.	☐	☐	☐
2. Thibaut est en vacances.	☐	☐	☐
3. Baptiste est très fatigué.	☐	☐	☐
4. Thibaut n'aime pas travailler.	☐	☐	☐
5. Baptiste et Laura vont au restaurant.	☐	☐	☐

5 Associez.

1. Il a mal aux pieds.
2. Il a mal à la main.
3. Il a mal aux oreilles.
4. Il a mal au ventre.
5. Il a mal aux yeux.

a. Manger ? Ah non !
b. Danser ? Ah non !
c. Regarder la télévision ? Ah non !
d. Écrire ? Ah non !
e. Écouter des CD ? Ah non !

6 Remettez dans l'ordre le dialogue suivant.

a. SECRÉTAIRE : Non, le docteur n'est pas là aujourd'hui. Demain ? ......
b. SECRÉTAIRE : À demain, madame Lanier. ......
c. MME LANIER : Lanier. ......
d. MME LANIER : Non, lundi, je travaille. Et j'ai mal, très mal... Aujourd'hui, c'est possible ? ......
e. MME LANIER : Bonjour, mademoiselle. Je voudrais un rendez-vous avec le docteur Willem. ...1..
f. MME LANIER : L.A.N.I.E.R. ......
g. MME LANIER : Très bien, merci. À demain. ......
h. SECRÉTAIRE : Ça s'écrit comment ? ......
i. SECRÉTAIRE : E.R. Lundi matin, c'est possible ? ......
j. SECRÉTAIRE : Oui, vous êtes madame... ? ......

7 Dites qui parle : Lucas ou Lou ? Puis, indiquez l'ordre des répliques.

a. .... : Oui, demain matin. Bon, Lucas, désolée, mais je suis fatiguée. Tchao ! ......
b. .... : Salut Lucas, tu vas bien ? ......
c. .... : Tu as mal au ventre ? ......
d. .... : Salut, c'est Lucas ! ......
e. .... : Et tu as rendez-vous chez le médecin ? ......
f. .... : Oui et toi ? ......
g. .... : Non, à la tête et aux oreilles. ......
h. ......Lucas.......... : Tchao ! ..10..
i. ....Lou.......... : Allô ! ...1..
j. .... : Bof ! Je suis malade. ......

8 Vous vous présentez sur le site Internet www.communication.com. Vous parlez de vos goûts.
Utilisez *aimer, apprécier, adorer* et *détester.*

....

....

....

....

....

....

....

....

GRAMMAIRE

La négation (1)

1 **Mettez à la forme négative.**

Exemple : Elle regarde la télévision. → *Elle **ne** regarde **pas** la télévision.*

1. Il a soif. ....
2. Je suis en vacances. ....
3. Elles habitent ensemble. ....
4. Nous aimons lire. ....
5. Tu vas à son anniversaire ? ....
6. Il s'appelle David. ....
7. C'est un ordinateur. ....

2 **Observez les dessins et répondez aux questions comme dans l'exemple.**

1. **2.** **3.** **4.**

Exemple : Émilie a faim ? (1) *Non, elle n'a pas faim, mais elle mange.*

1. Émilie joue au tennis ? (2) Non, ...

2. Émilie a chaud ? (3) Non, ...

3. Émilie a mal au ventre ? (4) Non, ...

3 **Répondez comme dans l'exemple.**

Exemple : Vous regardez la télévision ? → *Non, nous ne regardons pas la télévision, nous regardons un DVD.*

1. Ils vont bien ? ....

2. Tu as mal à la jambe ? ....

3. Nous sommes vieux ? ....

4. Il a faim ? ....

5. Elle s'appelle Maëva ? ....

6. On va à Paris pour les vacances ? ....

7. C'est Thierry ? ....

8. Elle a 17 ans ? ....

9. Vous aimez danser ? ....

10. Tu as soif ? ....

Oui, non, si

4 **Complétez les réponses à l'aide des indications + et –.**

Exemple : Ils mangent avec nous ? (+) → *Oui, ils mangent avec nous.*

1. Ton anniversaire, c'est le 3 février ?

– ....

2. Vous n'aimez pas lire ?

+ ....

3. Vous n'avez pas rendez-vous ?

– ....

4. Ce n'est pas chaud ?

+ ....

5. Il n'a pas les cheveux courts ?

+ ....

Les articles contractés (1)

5 **Entourez la bonne proposition.**

1. Il a mal *à la / au / aux* oreilles.

2. Je vais *au / à l' / à la* restaurant.

3. Il va *à la / à l' / aux* toilettes.

4. Tu as mal *au / à la / aux* ventre ?

5. Nous allons *à la / à l' / au* cinéma samedi soir ?

6. Vous êtes *à l' / à la / au* bureau ?

7. Il a très mal *au / à l' / à la* dos, il va *au / à l' / à la* hôpital.

8. Nous ne sommes pas *au / aux / à la* maison.

6 **Complétez les phrases avec le verbe *aller* et les lieux suivants.**

   le cinéma – le restaurant – la bibliothèque – la maison – l'opéra – la montagne

Exemple : Ils ont faim, ils *vont au restaurant.*

1. Nous adorons Verdi, nous ....

2. Je suis très fatiguée, je ....

3. Vous appréciez la lecture, vous ....

4. Il aime les randonnées, il ....

5. Tu adores les films, tu ....

Vocabulaire

1 *Je suis* ou *J'ai* ? Associez.

                                           a. malade.

                                           b. espagnol.

                                           c. sommeil.

                                           d. fatigué.

1. Je suis   **e.** un ami espagnol.

2. J'ai   **f.** rendez-vous.

                                             g. à Tokyo.

                                           h. mal à la tête.

                                           i. faim.

                                           j. en forme.

2 Retrouvez les 4 adjectifs codés. Chaque chiffre est associé à plusieurs lettres, comme sur le cadran d'un téléphone.

long – gros – vieux – beau

Exemple : 47263 = *grand*

1. 2328 = ...

2. 5664 = ...

3. 4767 = ...

4. 84389 = ...

3 Lisez et classez ces phrases sur l'échelle des goûts.

1. Moi, je déteste le sport !

2. J'aime bien Thierry.

3. J'adore lire.

4. Moi, je n'aime pas étudier !

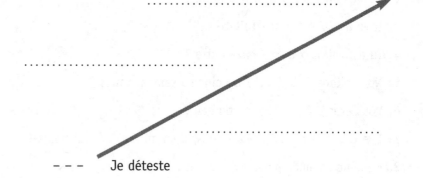

4 Dans chaque série de mots, soulignez l'intrus.

Exemple : portugais / italien / <u>rousse</u> / suisse

1. bouche / blond / nez / menton

2. généreux / brun / gentil / jaloux

3. vingt / onze / grand / quinze

4. apprécier / détester / travailler / adorer

5. jeudi / mars / juin / août

5 Retrouvez cinq parties du corps.

1. B_ _CH_

2. G_N_ _

3. _P_ _L_

4. _R_ _ LL_

5. P_ _D

Phonie-graphie

6 Le son [s].

Complétez la lettre suivante avec s, ss, c ou ç.

Genève, le 9 . . . . . . eptembre 2007

. . . . . . alut Vin. . . . . . ent,

. . . . . . a va ? Moi, je vais bien.

Je . . . . . . uis en . . . . . . ui. . . . . . e chez une amie.

Elle . . . . . . 'appelle . . . . . . ylvie, elle a vingt-. . . . . . ept ans et elle est profe. . . . . . eur

de fran. . . . . . ais et de ru. . . . . . e.

Elle est . . . . . . in. . . . . . ère et . . . . . . ympathique.

. . . . . . e . . . . . . oir nous allons dan. . . . . . er la . . . . . . al. . . . . . a, ... 'est. . . . . . uper !

Je t'embra. . . . . . e,

. . . . . . onia

7 Le son [ʒ].

Complétez le texte suivant avec g ou j.

Au. . . . ourd'hui, nous sommes . . . . eudi 7 . . . . uin. Nous dé. . . . eunons au restaurant avec un ami bel. . . . e.

Il s'appelle . . . . ules. Il est . . . . eune, ... entil, ... énéreux, mais un peu . . . . aloux.

8 Le son [g].

Complétez le texte suivant avec g ou gu.

. . . . illaume adore les lan. . . . es. Il étudie l'an. . . . lais, le . . . . rec et le portu. . . . ais.

Il est abonné au ma. . . . azine *Times*.

AutoÉvaluation

Je peux compter

... / 5 (Comptez 0,5 point par bonne réponse.)

1 **1. Écrivez en lettres.**

71 : ....

77 : ....

81 : ....

85 : ....

96 : ....

2. Écrivez en chiffres.

soixante-quatorze : ....

soixante-dix-neuf : ....

quatre-vingt-huit : ....

quatre-vingt-treize : ....

cent : ....

Je peux situer un événement dans le temps

... / 5 (Comptez 1 point par bonne réponse.)

2 **Écrivez les dates de ces anniversaires.**

Exemple : Lola : 30/04 → *C'est le 30 avril.*

– Enzo : 14/02   → ....

– Vanessa : 22/12 → ....

– Martin : 08/03   → ....

– Esther : 27/07   → ....

– Juliette : 19/10 → ....

Je peux conjuguer des verbes

... / 5 (Comptez 0,5 point par bonne réponse.)

3 **Complétez le texte avec *être, avoir, travailler, détester, aller, téléphoner* à la forme correcte.**

Lars ne .... pas bien. Il .... fatigué, il .... mal à la tête.

Il .... à Lucia : « Allô, Lucia, c'................. Lars. » « Salut Lars ! Tu ....

bien ? » « Non, je .... malade. » « Ah ! Alors tu ne .... pas aujourd'hui ? »

« Non, je .... chez le médecin à 14 heures. Je .... les médecins ! »

Je peux me présenter et présenter quelqu'un

... / 5 (Comptez 0,5 point par phrase correcte.)

4 **1. Présentez Céline Gagnon.**

Elle ....

....

....

....

NOM : Gagnon   PRÉNOM : Céline

NATIONALITÉ : canadienne

PROFESSION : informaticienne

ÂGE : 25 ans

VILLE : Montréal

2. Présentez-vous.

Je ....

....

Je peux demander à quelqu'un de se présenter

... / 5 *(Comptez 1 point par phrase correcte.)*

5 **Complétez le dialogue.**

1. .... ? Enrique Valdes.

2. .... ? Je suis colombien.

3. .... ? J'ai 26 ans.

4. .... ? Oui, c'est e.valdes@hotmail.com.

5. .... ? 01 34 24 72 99.

Je peux décrire une personne

... / 5 *(Comptez 1 point par association correcte.)*

6 **Associez.**

1. Il a 18 ans.	**a.** Il est gourmand.
2. Il mesure 1m90.	**b.** Il est jeune.
3. Il pèse 60 kg.	**c.** Il est sportif.
4. Il adore manger.	**d.** Il est mince.
5. Il joue au rugby.	**e.** Il est grand.

Je peux demander et donner des nouvelles

... / 5 *(Comptez 1 point par bonne réponse.)*

7 **Retrouvez cinq phrases utilisées pour demander ou donner des nouvelles.**

1. Ils vont très bien.	**6.** Vous êtes professeur ?
2. Comment allez-vous ?	**7.** Elle est sincère.
3. Elle a 3 ans.	**8.** Ça va ?
4. Il s'appelle Joseph.	**9.** Bien, merci et toi ?
5. Je vais bien.	**10.** Nous allons au restaurant.

Je peux exprimer des goûts

... / 5 *(Comptez 1 point par phrase correcte.)*

8 **Faites des phrases avec aimer (+), adorer (+++), ne pas aimer (–) et détester (– – –).**

1. Il / + / musique : ....

2. Nous / – / sport : ....

3. Tu / + / lecture : ....

4. Ils / +++ / danser : ....

5. Vous / – – – / randonnées : ....

⟲ Résultats : ... points sur 40

1 📖 ▶ Livre de l'élève p. 42 **Réécoutez le dialogue et dites si c'est vrai, faux ou si cela n'est pas dit (?).**

	Vrai	Faux	?
1. C'est pour une enquête.	☐	☐	☐
2. L'homme interrogé a 20 ans.	☐	☐	☐
3. Il habite dans le 12e arrondissement.	☐	☐	☐
4. Il habite avec 2 amis.	☐	☐	☐
5. Il fait du judo.	☐	☐	☐
6. Il déteste lire.	☐	☐	☐
7. Il a un ordinateur.	☐	☐	☐
8. Il joue du piano.	☐	☐	☐
9. Il adore la danse.	☐	☐	☐
10. Il fait du théâtre.	☐	☐	☐

2 **Reformez toutes les expressions possibles.**

1. écrire	**a.** des bandes dessinées
2. faire	**b.** au cinéma
3. aller	**c.** du théâtre
4. sortir	**d.** au théâtre
5. lire	**e.** à des amis
	f. un mél
	g. avec des amis

3 **Associez l'activité au lieu correspondant.**

1. faire du bateau	**a.** à la maison
2. faire de la natation	**b.** dans un stade
3. jouer à des jeux vidéo	**c.** à la mer
4. jouer au football	**d.** sur un ordinateur
5. voir un film	**e.** à la piscine
6. regarder la télévision	**f.** au cinéma

4 📖 ▶ Livre de l'élève p. 43 **Relisez le document B et cochez la bonne réponse.**

Association	Activité proposée	
Clic'et vous	– suivre une formation	☐
	– rencontrer un homme politique	☐
Association sportive du lycée Hélène-Boucher	– faire de la natation	☐
	– jouer au football	☐
Dorémi	– chanter	☐
	– suivre un cours de danse	☐
Évasion	– écrire des histoires	☐
	– lire des auteurs classiques	☐
La nébuleuse BD	– écrire un roman	☐
	– lire des bandes dessinées	☐
Mosaïque	– décorer votre maison	☐
	– créer des objets	☐

5 Associez les questions et les réponses.

1. Quel est votre sport préféré ?
2. Ils sortent souvent ?
3. Vous n'allez pas souvent au cinéma ?
4. Aime-t-il rester chez lui le week-end ?
5. Ils font quel sport ?
6. Tu es sur ton ordinateur ?

a. Du tennis.
b. Au contraire, il déteste ça.
c. Oui, mais je ne suis pas connecté.
d. Le foot.
e. Non, seulement une fois par mois.
f. Si, au moins 2 fois par semaine.

6 Regardez l'agenda de Lola et répondez aux questions par une phrase complète.

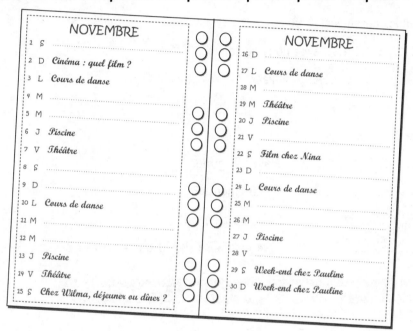

1. Quel jour est-ce que Lola va à la piscine ?

....

2. Elle va souvent au cinéma ?

....

3. Elle reste souvent chez elle le week-end ?

....

4. Qu'est-ce qu'elle fait le lundi ?

....

5. Va-t-elle au théâtre le mardi ?

....

6. Le samedi 22, elle va au cinéma avec une amie ?

....

7. Est-ce qu'elle va au théâtre 4 fois par mois ?

....

GRAMMAIRE

Des verbes irréguliers (1)

1 Complétez les dialogues avec les verbes suivants conjugués.

sortir – faire – lire – écrire – aller

1. – Qu'est-ce que tu .... le week-end ?

– Je .... à la piscine et je ....

– Qu'est-ce que tu aimes .... ?

– Surtout des bandes dessinées.

2. – Tu .... avec nous ce soir ?

– Vous .... au Mikado ?

– Non, au Vox.

– Avec Guillaume ?

– Non, lui, il .... avec Virginie.

– Ah bon ! Ils .... au cinéma ?

– Non, il déteste .... au cinéma.

3. – Comment tu .... « Ciao » ? C-I-A-O ou T-C-H-A-O ?

Les articles partitifs et les articles contractés

2 Lisez le texte suivant et rayez la mauvaise proposition.

Nous <u>sommes</u> chinois, mais nous habitons à Paris. Xiaohua <u>a</u> 20 ans et moi 22. Le soir, après les cours à l'université, nous écoutons (de la / du) musique ou nous <u>lisons</u>, mais le week-end nous <u>sortons</u> avec (de la / des) amis. Les Français n'aiment pas le karaoké, ils <u>vont</u> dans (de la / des) bars, c'est triste ! Le sport ? Moi, je <u>fais</u> (de la / du) musculation, Xiaohua, elle, elle n'aime pas ça. Elle préfère rester devant son ordinateur. Elle <u>écrit</u> à ses amies en Chine. Elles parlent (de les / des) nouveaux films. Le mercredi, elle va à la médiathèque de la ville... pour la musique. C'est une passionnée de piano. Elle joue (du / de la) piano depuis l'âge de 5 ans.

3 Relisez le texte de l'exercice 2 et complétez la grille avec les infinitifs des verbes soulignés.

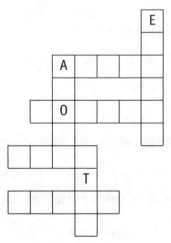

4 **Faites des phrases. Attention, conjuguez les verbes et contractez les articles.**

Exemple : (au / lycée / **de** / vous / sport / **le** / faire / ?) *Vous faites du sport au lycée ?*

1. faire / ne / Francesca / aimer / pas / la / natation / de

....

2. vélo / faire / dimanche / le / on / de / le

....

3. ils / parfois / parler / vacances / les / de

....

4. je / jouer / la / musique / le / de / écouter / et / je / de / djembé

....

5. faire / de / le / ils / basket

....

Les trois formes de la question

5 **Transformez les questions. Utilisez la forme indiquée.**

1. Tu fais du roller ? (→ standard)

.... ?

2. Est-ce que vous avez rendez-vous avec le docteur Gache ? (→ formel)

.... ?

3. Apprécie-t-elle la solitude ? (→ standard)

.... ?

4. Travaillez-vous le week-end ? (→ familier)

.... ?

5. Est-ce qu'il aime la peinture ? (→ formel)

.... ?

6 **Trouvez les questions.**

1. .... ?
Non, je n'aime pas ça.

2. .... ?
J'aime bien le tennis et le basket, mais pas le foot.

3. .... ?
J'écris un mél à Vincent.

4. .... ?
Le mardi ? Je fais du djembé.

1 📖 ▶ Livre de l'élève p. 46 **Réécoutez le dialogue A et cochez la bonne réponse.**

1. Anaïs téléphone à :
- ☐ Pierre.
- ☐ Julien.
- ☐ Guillaume.

2. Elle est à :
- ☐ la Martinique.
- ☐ la Réunion.
- ☐ la Guadeloupe.

3. Il fait :
- ☐ 30 degrés.
- ☐ 32 degrés.
- ☐ 36 degrés.

4. À Paris, il fait :
- ☐ très chaud.
- ☐ chaud.
- ☐ froid.

5. Anaïs et son ami jouent au :
- ☐ football.
- ☐ ping-pong.
- ☐ tennis.

2 **Remettez dans l'ordre le dialogue suivant.**

a. THÉO : On sort, on fait du surf, de la plongée... ....

b. THÉO : Salut, c'est Théo. ....

c. THÉO : Très beau et très chaud. ....

d. NINA : De la plongée, quelle chance ! Moi, je travaille, je travaille... Salut ! ...10...

e. THÉO : Allô, Nina ? ....1....

f. THÉO : Si, je suis en Sicile avec Benjamin. ....

g. NINA : Super ! Et qu'est-ce que vous faites ? ....

h. NINA : Oui, c'est moi. ....

i. NINA : Salut Théo ! Tu n'es pas en vacances ? ....

j. NINA : En Sicile ! C'est génial ! Il fait beau ? ....

3 **Vous êtes en vacances à Biarritz. Vous écrivez une carte postale à un(e) ami(e). Utilisez les dessins ci-dessous.**

4 📖 ▶ Livre de l'élève p. 47 **Relisez le document B et dites si les affirmations suivantes sont vraies ou fausses.**

	Vrai	Faux
1. L'arbre à bijoux est en aluminium.	☐	☐
2. Le prix de la bougie est de 61 €.	☐	☐
3. Les assiettes sont rouges, bleues ou jaunes.	☐	☐
4. Elles sont pratiques pour servir les pizzas et les tartes.	☐	☐
5. La lampe est ronde.	☐	☐
6. Le plat est en céramique.	☐	☐
7. Il est carré.	☐	☐
8. Les verres sont en métal et en verre.	☐	☐

5 **Associez à la bonne couleur.**

1. *La mer*		**a.** rouge.
2. Le café		**b.** jaune.
3. La neige		**c.** bleu, blanc, rouge.
4. Une tomate		**d.** gris.
5. Le soleil	*est*	**e.** *bleue.*
6. Le lait		**f.** vert.
7. Le drapeau italien		**g.** blanc.
8. Un kiwi		**h.** noir.
9. Le drapeau français		**i.** vert, blanc, rouge.
10. Un éléphant		**j.** blanche.

6 **Vous cherchez un cadeau d'anniversaire pour votre amie Christelle, une passionnée de décoration.**
Vous écrivez un mél à un(e) ami(e) pour présenter 2 cadeaux possibles et lui demander son avis.
Utilisez les éléments suivants.

	Objet 1	Objet 2
Nature	Plat	Vase
Forme / Taille	Rond	Grand
Matière	Bois	Céramique
Couleur	Jaune et vert	Bleu et rouge
Qualité	Original	Beau
Prix	60 €	89 €

À : 👤 ....
Cc : ....
Objet : [   ]

ab꒐ꜗab | Police ▼ | Taille ▼ | G I S T ▤ ▤ ▤ ⅓ ⅓ ⅓ ⇠ ⇢ ▤A▮ ▾ ◈ ▾ ▬

Bonjour, comment ça va ?
Samedi, c'est l'anniversaire de Christelle, elle est fan de déco. On fait un cadeau ensemble ?
J'ai 2 idées :
– ....
....
– ....
....
Quel cadeau est-ce que tu préfères ?
Téléphone-moi.
À plus.
....

GRAMMAIRE

Le pronom sujet *on*

1 **Complétez le dialogue suivant avec *il, elle* ou *on*.**

– Qu'est-ce qu'*on* fait ce soir ? .... sort ?

– Oui, ... va au restaurant avec Émilie et son ami brésilien.

– Émilie ! .... est à Paris ?

– Oui, ... est en vacances en France pour trois semaines.

– Génial ! Et son ami, ... s'appelle comment ?

– Jorge. .... est grand, brun et très sympa.

– Et .... parle quelle langue au Brésil ? Espagnol ?

– Mais non ! Au Brésil, ... parle portugais.

2 **Complétez les phrases suivantes.**

1. [image] 2. [image] 3. [image] 4. [image] 5. [image]

1. En Italie, on ....

2. En Angleterre, on ....

3. Au Canada, on ....

4. Au Japon, on ....

5. En Argentine, on ....

Les articles définis et indéfinis

3 **Complétez les phrases suivantes avec un article indéfini ou défini.**

1. J'adore .... chocolat.

2. Elle lit .... roman de Balzac.

3. Il écrit .... carte postale à .... amie espagnole.

4. .... Louvre est magnifique !

5. Nous étudions .... médecine.

6. Elle porte .... lunettes.

7. Vous avez .... problème ?

8. Ils détestent .... sport.

9. Tu as .... numéro de téléphone de Roxane ?

10. .... Anglais aiment .... thé.

L'adjectif démonstratif

4 Associez l'adjectif démonstratif à la suite de la phrase, comme dans l'exemple en italique.

	a. étudiant est très sympa.
	b. enfants vont souvent à la piscine.
	c. sac est en cuir ?
1. Ce	**d.** homme habite dans la rue Picasso, au numéro 10.
2. Cet	**e.** ville est très agréable.
3. *Cette*	**f.** assiettes sont en porcelaine bleue.
4. Ces	**g.** femme joue du violon.
	h. hôtel a 30 chambres.
	i. *actrice est très belle.*
	j. restaurant est dans quelle rue ?

5 Mettez les phrases suivantes au singulier.

1. Ces poèmes sont magnifiques ! ....

2. Nous jouons parfois à ces jeux vidéo. ....

3. Ces enfants font de la natation le mercredi. ....

4. Vous aimez ces bandes dessinées ? ....

5. Ces objets sont en bois ? ....

6. Ces étudiantes sortent souvent le week-end. ....

7. Ils achètent ces cadeaux pour Lucie. ....

8. Elles travaillent souvent sur ces ordinateurs. ....

6 Construisez des mini-dialogues à l'aide des éléments proposés. Utilisez des adjectifs démonstratifs et interrogatifs.

Exemple : elle / aimer / lampe → *– Elle aime cette lampe. – Quelle lampe ?*

1. je / adorer / roman → ....

2. nous / apprécier / activités → ....

3. ils / détester / film → ....

4. tu / adorer / chanteurs → ....

5. on / aimer / village → ....

6. vous / détester / homme → ....

7. il / apprécier / musique → ....

8. elles / aimer / bijoux → ....

Vocabulaire

1 **Scrabble. Remettez les lettres dans l'ordre pour retrouver un mot.**

    1. N-E-T-E-Q-U-E   → *une enquête*

    2. T-R-I-E-U-R-D-O-N-A   → un o...

    3. N-O-E-L-I-N-C-C-R-O-L-E-T → (verbe à l'infinitif) c..

    4. N-A-S-P-O-I-S   → une p...

    5. T-U-M-C-L-O-U-S-A-I-N → la m...

    6. V-E-N-T-O-U-S   → (adverbe) s...

    7. C-L-E-T-H-A-G-E-R-E-R → (verbe à l'infinitif) t..

    8. T-O-R-R-I-S   → (verbe à l'infinitif) s..

2 **Associez les éléments pour parler du temps.**

    Il •
    Le ciel •   • *fait* •
    Le temps •   • est •

- beau.
- magnifique.
- *chaud.*
- froid.
- 22 degrés.
- bleu.

3 **Retrouvez le quatrième mot de chaque série.**

    Exemple : aluminium / métal / bois /   **a.** ~~assiette~~

                                         b. *porcelaine*

                                         c. ~~théière~~

    1. bougie / cadre / vase /   **a.** lampe
                                     b. grand
                                     c. carré

    2. judo / plongée / tennis /   **a.** vase
                                     b. arbre
                                     c. ski

    3. rouge / bleu / violet /   **a.** jeune
                                     b. gris
                                     c. verre

    4. froid / degré / beau /   **a.** neige
                                     b. tissu
                                     c. rond

    5. souvent / régulièrement / rarement /   **a.** bois
                                             b. moderne
                                             c. parfois

4 Complétez les tirets avec les mots définis ci-dessous et retrouvez verticalement le mot-mystère qui est un objet.

1. Sport pratiqué par Tony Parker. — — — — — —

2. Verbe irrégulier. — — — — — —

3. Partie du visage. — — — — —

4. Pas courte. — — — — — —

5. Loisir artistique. — — — — — —

6. Couleur de la clémentine. — — — — — —

5 Complétez la grille avec des couleurs.

blanc – bleu – jaune – rouge – vert – violet

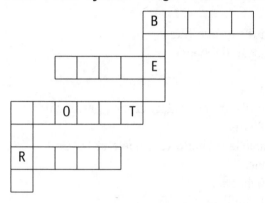

Phonie-graphie

6 Retrouvez le chemin jusqu'à la sortie en passant d'un mot avec [ɛ̃] à un mot avec [ɑ̃] puis à un autre mot avec [ɔ̃].

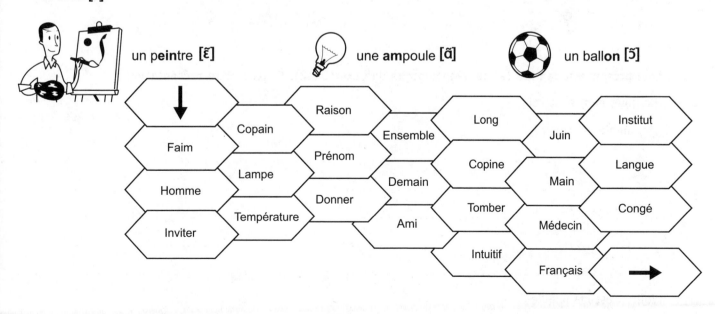

un **pein**tre [ɛ̃]   une **am**poule [ɑ̃]   un ball**on** [ɔ̃]

Faim   Copain   Raison   Ensemble   Long   Juin   Institut

Homme   Lampe   Prénom   Demain   Copine   Main   Langue

Inviter   Température   Donner   Ami   Tomber   Médecin   Congé

Intuitif   Français

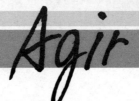

1 ▸ Livre de l'élève p. 52 **Réécoutez le document A, puis cochez la case correcte.**

	Anne	Romain	Barbara
1. Il/Elle n'apprécie pas sa belle-mère.	☐	☐	☐
2. Il/Elle n'aime pas son oncle.	☐	☐	☐
3. Il/Elle s'entend bien avec son frère et sa sœur.	☐	☐	☐
4. Il/Elle est enfant unique.	☐	☐	☐
5. Il/Elle pense que ses cousins sont stupides.	☐	☐	☐
6. Il/Elle a des parents divorcés.	☐	☐	☐
7. Il/Elle a des parents très compréhensifs.	☐	☐	☐
8. Il/Elle a des enfants.	☐	☐	☐

2 **Lisez les informations suivantes sur la famille Leroy, puis construisez l'arbre généalogique de cette famille.**

1. Pierre a deux enfants, un fils et une fille.
2. La femme de Samuel s'appelle Gabrielle.
3. Alain n'a pas d'enfants.
4. La grand-mère s'appelle Noémie.
5. Lucien a trois enfants, un fils et deux filles, et cinq petits-enfants.
6. Jeanne est la femme de Pierre.
7. Les filles de Gabrielle s'appellent Charlotte, Angèle et Lola.
8. Diane est la fille de Jeanne.
9. Mathilde est la sœur de Gabrielle.
10. Le frère de Diane s'appelle Guillaume.

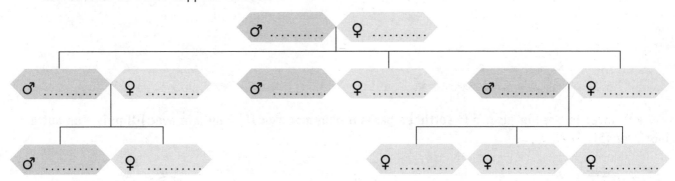

3 **Lola présente sa famille (arbre généalogique de l'exercice 2). Écrivez cette présentation.**

Bonjour, moi, c'est Lola.

Ma famille est super !

....

....

....

....

....

Voilà, c'est ma famille !

4 📖 ▶ Livre de l'élève p. 53 **Relisez le document B, puis retrouvez et soulignez les 10 erreurs dans le dialogue ci-dessous.**

– J'ai lu un très beau livre ce week-end : *L'Enfant de la jungle* de Sarah Kuegler.

– Ah oui ! J'ai vu ce livre à la bibliothèque. Sur la couverture, on voit une jeune femme blonde, aux longs cheveux frisés.

– Oui, c'est ça. Dans son livre, elle raconte sa vie en Papouasie occidentale, c'est en Afrique. Elle a vécu sept ans là-bas avec ses parents, ses sœurs et son frère. Elle a appris à chasser, elle a tué des crocodiles avec son arc, elle a mangé des insectes grillés...

– Des insectes grillés ! Beurk ! Et aujourd'hui ?

– Aujourd'hui, elle a trente-six ans et elle habite à Munich avec ses deux enfants.

5 **Remettez dans l'ordre le dialogue suivant.**

a. GRAND-MÈRE : Ah oui, quels cadeaux ? ......

b. EMMA : Il est gris et blanc et il a les yeux bleus. Au revoir ! ...8...

c. EMMA : Merci, grand-mère. ......

d. EMMA : Oui, j'ai invité mes amis de l'école, on a mangé, on a dansé et j'ai eu plein de cadeaux ! ......

e. GRAND-MÈRE : C'est super ! Et il est comment, ton petit chat ? ......

f. GRAND-MÈRE : Bonjour, ma chérie. Bon anniversaire ! ...1..

g. EMMA : Des jeux, des livres et... un petit chat ! ......

h. GRAND-MÈRE : Alors, raconte-moi, tu as fait une petite fête pour tes 10 ans ? ......

6 **Quatre familles habitent dans la rue Lepic. Lisez les informations suivantes, puis complétez la grille ci-dessous.**

1. Les Monrazel et leurs trois enfants habitent dans la première maison, au numéro 2.

2. La fille unique a un hamster.

3. Les Maréchal n'ont pas d'enfants.

4. Les deux enfants Alvarez adorent leur tortue.

5. Les Monrazel ont un chat.

6. Le chien habite au numéro 6.

7. Les Alvarez n'habitent pas au numéro 4.

8. Les Duvernois n'aiment pas les chiens.

RUE LEPIC	2	4	6	8
Famille				
Nombre d'enfants				
Animal				

7 **Victoria travaille comme fille au pair dans une famille de la rue Lepic (choisissez une famille). Elle écrit une lettre à ses parents et présente la famille pour laquelle elle travaille et tous leurs animaux.**

....

....

....

....

Bisous,

Victoria.

GRAMMAIRE

Les adjectifs possessifs

1 Répondez aux questions sur la famille Becker en utilisant les adjectifs possessifs corrects.

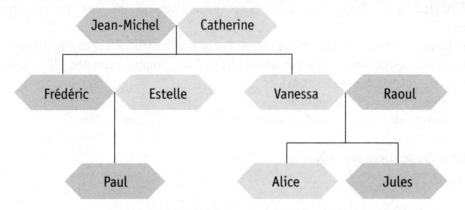

Exemple : Comment s'appelle le fils de Catherine ? *Son fils s'appelle Frédéric.*

1. Comment s'appelle la cousine de Paul ? ....

2. Comment s'appelle le grand-père de Jules ? ....

3. Comment s'appelle l'oncle de Paul ? ....

4. Comment s'appellent les parents de Frédéric et Vanessa ? ....

5. Comment s'appelle le frère d'Alice ? ....

6. Comment s'appellent les enfants de Jean-Michel ? ....

7. Comment s'appelle la tante de Jules et Alice ? ....

8. Comment s'appelle la petite-fille de Jean-Michel ? ....

2 Répondez aux questions ci-dessous.

Exemple : Ce sac est à toi ? *Non, ce n'est pas mon sac.*

1. Ce passeport est à toi ?   Oui, ...

2. Cette chemise est à Vincent ?   Non, ...

3. Ces magazines sont à toi ?   Oui, ...

4. Cette gomme est à toi ?   Non, ...

5. Cet ordinateur est à Jérémy et Lucas ? Oui, ...

6. Ces photos sont à Julie et Rodolphe ? Non, ...

7. Ces jeux vidéo sont à Ingrid ?   Non, ...

Le passé composé (1)

3 Complétez le tableau suivant avec des infinitifs ou des participes passés.

INFINITIF	PARTICIPE PASSÉ
Manger	....
....	Bu
....	Fini
Étudier	....
....	Été
Faire	....
....	Parlé
....	Pris
Avoir	....
Écrire	....
....	Dansé
Travailler	....

4 Répondez négativement aux questions suivantes.

1. Tu as vu ce film ?   Non, ...

2. Il a été malade ?   Non, ...

3. Vous avez dîné au restaurant ?   Non, ...

4. Ils ont écouté la radio ?   Non, ...

5. Tu as fini ?   Non, ...

6. Elle a vécu en Afrique ?   Non, ...

7. Ils ont appris à conduire ?   Non, ...

5 Mettez les phrases suivantes au passé composé.

1. Je lis le journal. → ....

2. Ils habitent à Rome. → ....

3. Vous jouez au tennis. → ....

4. Elles prennent le TGV. → ....

5. Tu manges une pizza. → ....

6. Nous invitons des amis au restaurant. → ....

7. Elle boit un café. → ....

8. Il a rendez-vous avec Caroline. → ....

1 📖 ▶ Livre de l'élève p. 56 **Réécoutez le dialogue A et dites si c'est vrai, faux ou si cela n'est pas dit.**

	Vrai	Faux	?
1. Adélaïde a 20 ans.	☐	☐	☐
2. Abdou habite chez une amie en France.	☐	☐	☐
3. Carine vit à Paris.	☐	☐	☐
4. Riccarda a 32 ans.	☐	☐	☐
5. Farid habite au Mali.	☐	☐	☐
6. Abdou et Farid sont amis.	☐	☐	☐
7. Le Maroc se situe entre l'Algérie et la Tunisie.	☐	☐	☐
8. Dakar est la capitale du Sénégal.	☐	☐	☐
9. La Mauritanie se situe à l'est du Mali.	☐	☐	☐
10. L'animateur vient du Québec.	☐	☐	☐

2 **Regardez la carte de France page 159 du livre élève.**

1. Dites de quelle ville il s'agit.

a. C'est une ville à l'ouest de la France, au nord de Nantes. → C'est ....

b. C'est une ville sur la côte Atlantique, au nord de Bordeaux. → C'est ....

c. C'est une ville au nord de la France, près de la frontière belge. → C'est ....

d. C'est une ville au centre de la France. → C'est ....

e. C'est une ville au sud de la France, à l'est de Marseille, près de l'Italie. → C'est ....

2. Situez ces villes.

a. Grenoble : *C'est* ....

b. Reims : *C'est* ....

c. Nantes : *C'est* ....

d. Marseille : *C'est* ....

e. Lyon : *C'est* ....

3 📖 ▶ Livre de l'élève p. 57 **Relisez le document B et cochez la bonne réponse.**

1. Carla écrit un mél à :
☐ sa sœur.
☐ sa mère.
☐ Fred.

2. Elle habite un appartement de :
☐ 2 pièces.
☐ 3 pièces.
☐ 4 pièces.

3. C'est un appartement avec :
☐ un balcon.
☐ une terrasse.
☐ une cave.

4. Dans la salle de bains, il y a :
☐ une douche.
☐ une baignoire.
☐ une douche et une baignoire.

5. Hier, Carla a fait une petite fête chez elle avec :
☐ ses parents.
☐ ses frères et sœurs.
☐ ses amies.

6. En fichier joint, elle envoie :
☐ des photos de son appartement.
☐ la publicité d'un magasin de meubles.
☐ des photos de ses copines.

4 Complétez le mél avec les mots suivants.

meublé – étage – salon – pièces – ascenseur – balcon – sportif –
chambres – Toulouse – généreux – cuisine – cave

De :	a.forestier@hotmail.com
À :	s.thuillier@yahoo.fr
Cc :	
Objet :	appartement

Police ▼ Taille ▼ **G** *I* S T

Salut Sonia,

Comment vas-tu ? Moi, je vais très bien.

J'ai trouvé un appartement à .... Il est au cinquième .... sans

.... , mais pas de problème, je suis très .... ! ☺

C'est un appartement de 3 .... avec un petit .... et

une ....

Il y a 2 grandes .... , un .... et une .... américaine.

Il n'est pas .... , mais mes parents sont très .... ! ☺

À très bientôt chez moi pour une petite fête. Bisous.

Alexis

5 Lisez la petite annonce suivante et dites si c'est vrai, faux ou si cela n'est pas dit.

	Vrai	Faux	?
1. C'est un appartement de 3 pièces.	☐	☐	☐
2. Il est situé au dernier étage.	☐	☐	☐
3. Il n'y a pas d'ascenseur.	☐	☐	☐
4. La superficie est de 70 m².	☐	☐	☐
5. Il y a 2 chambres.	☐	☐	☐
6. Dans la salle de bains, il n'y a pas de baignoire.	☐	☐	☐
7. Il n'y a pas de meubles.	☐	☐	☐
8. Le loyer est de 690 € + 70 € de charges.	☐	☐	☐

> À louer rue Picasso,
> dans immeuble ancien,
> au 4e étage avec ascenseur,
> 3 pièces, non meublé, 70 m².
> Loyer : 690 € charges
> comprises.
> Tél. : 02 36 79 24 18.

6 Vous avez loué l'appartement de l'annonce de l'exercice 5.

Vous écrivez une lettre à un(e) ami(e) : vous parlez de votre nouveau logement et vous invitez votre ami(e) à venir vous voir.

....

....

....

....

GRAMMAIRE

Les prépositions et les noms de pays

1 **Classez les pays suivants dans le tableau ci-dessous.**

*Grèce – Danemark – Pays-Bas – Kenya – Slovaquie – Philippines –
Chili – Inde – Cambodge – Syrie – Espagne – Iran*

LE	LA	L'	LES
....	....	....	....
....	....	....	....
....	....	....	....
....	....	....	....
....	....	....	....
....	....	....	....

2 **Complétez les phrases suivantes avec *à*, *au*, *en* ou *aux*.**

1. Je vais souvent .... Canada.

2. Il habite .... Antilles.

3. Nous sommes .... Japon.

4. Tu vis .... Londres ?

5. Ils étudient .... Australie.

6. Vous travaillez .... Pérou ?

7. Elle vit .... Colombie.

8. Tu vas .... États-Unis.

9. Ils sont .... Mexique.

10. Nous vivons .... Allemagne.

3 **Associez.**

	a. Japon.
	b. Bruxelles.
	c. Indonésie.
1. Il vient du	**d.** Seychelles.
2. Il vient de	**e.** Chili.
3. Il vient d'	**f.** États-Unis.
4. Il vient des	**g.** Ukraine.
	h. Mozambique.
	i. Kenya.
	j. Liban.

La négation (2)

4 **Répondez négativement aux questions suivantes.**

1. Vous avez un chien ?   Non, ...

2. Elle a une sœur ?   Non, ...

3. Ils ont des enfants ?   Non, ...

4. Il y a un ascenseur ?   Non, ...

5. Vous lisez des magazines ?   Non, ...

6. Elle boit un café ?   Non, ...

7. Il porte des lunettes ?   Non, ...

8. Tu as une voiture ?   Non, ...

Le passé composé (2)

5 *J'ai* ou *Je suis* ? **Associez.**

	a. mangé.
	b. allé.
	c. dansé.
1. J'ai	**d.** montée.
2. Je suis	**e.** été.
	f. sorti.
	g. fini.
	h. lu.

6 **Entourez la ou les forme(s) correcte(s) du participe passé.**

1. Je suis *né / née / nés* en octobre.

2. Ils ont *mangés / mangées / mangé* au restaurant hier ?

3. Vous avez *vue / vu / vus* ce film ?

4. Il est *parti / partis / partie* en avion.

5. Nous sommes *arrivé / arrivés / arrivées* mardi matin.

6. Tu es *resté / restés / restée* à la maison ?

7. Elles ont *dansées / dansés / dansé* toute la nuit.

8. Je suis *venu / venue / venus* seule.

7 **Conjuguez les verbes au passé composé. Attention, le dialogue se passe entre deux femmes.**

– Oh la la ! Je suis fatiguée aujourd'hui...

– Qu'est-ce que tu .... (faire) hier soir ?

– Je .... (sortir) avec des amis. Nous .... (aller) au restaurant,

puis en discothèque. On .... (danser) toute la nuit. Je .... (rentrer)

chez moi très, très tard... Et toi, tu .... (sortir) ?

– Non, Christophe et moi, nous .... (rester) à la maison avec les enfants.

On .... (regarder) un DVD : *Shrek 3*. Tu .... (voir) ce film ?

– Oui, j'........................ (adorer) !

Vocabulaire

1 **Qui est-ce ?**

Exemple : C'est le père de son père.   → *C'est son grand-père.*

1. C'est la sœur de sa mère.   → *C'est* ....

2. C'est le fils de son oncle.   → *C'est* ....

3. Ce sont les parents de sa mère.   → *Ce sont* ....

4. C'est le frère de son père.   → *C'est* ....

5. Ce sont les enfants de sa fille.   → *Ce sont* ....

6. C'est la fille de sa sœur.   → *C'est* ....

7. Ce sont les fils de son frère.   → *Ce sont* ....

2 **Complétez le texte avec le vocabulaire de la famille.**

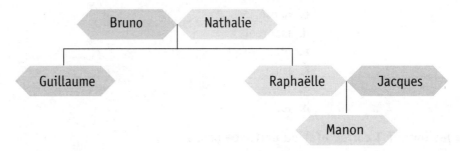

Moi, c'est Bruno. Ma .... s'appelle Nathalie. Nous avons deux .... :

notre .... s'appelle Guillaume et sa ...., Raphaëlle.

Le .... de Raphaëlle s'appelle Jacques, ils ont une ....

Notre .... Manon a 4 ans. Elle adore son .... Guillaume.

3 **Retrouvez 4 animaux codés. Chaque lettre est associée à un chiffre, comme sur le cadran d'un téléphone.**

tigre – lapin – singe – chien

Exemple : 2428 = *chat*

1. 24436 = ...

2. 52746 = ...

3. 74643 = ...

4. 84473 = ...

4 **Complétez les expressions suivantes à l'aide des animaux ci-dessous.**
Vous pouvez vous aider d'un dictionnaire.

cheval – cochon – loup – canard – poisson – mouton

1. Avoir très faim. = Avoir une faim de ....

2. Ne pas écrire proprement. = Écrire comme un ....

3. Être très frisé. = Être frisé comme un ....

4. Avoir une très grosse fièvre. = Avoir une fièvre de ....

5. Être très heureux. = Être heureux comme un .... dans l'eau.

6. Il fait très, très froid. = Il fait un froid de ....

5 **Écrivez ces nombres en toutes lettres.**

1. 1 789 : ....

2. 2 564 : ....

3. 5 492 : ....

4. 7 121 : ....

5. 9 376 045 : ....

6 **Complétez la grille.**

Horizontalement

A. Pièce de la maison.

C. – C'est la sœur de Marc ? – Oui, c'est .... sœur.

D. Meuble.

E. Article défini pluriel.

G. C'est la fille de mon oncle, c'est ma ....

Verticalement

1. Animal de compagnie.

3. Couleur.

4. 700 + 300 = ...

5. – Tu .... italienne ? – Non, française.

6. Au Sénégal et au Mali, ... parle français.

7. Ils habitent au troisième ....

	1	2	3	4	5	6	7
A							
B							
C							
D							
E							
F							
G							

Phonie-graphie

7 **Complétez avec *p*, *pp* ou *b*.**

Alors, je me ...résente, je m'a...elle Béa. Je suis de ...retagne mais j'ha...ite et travaille à ...aris.

Je suis ...rune, j'ai un ...etit nez ...ointu, de ...etites jam...es mais de longs ...ras. Quoi d'autre ?

Ah oui, mes amis disent que je suis sym...a.

...on, c'est tout, je crois. Alors je vous em...rasse et à ...ientôt, j'es...ère ! Béa.

AutoÉvaluation

Je peux parler des loisirs

... / 5 (1 point par bonne réponse)

1 Retrouvez cinq phrases utilisées pour parler des loisirs.

1. Je fais du tennis.
2. Qu'est-ce que tu fais le soir ?
3. Je suis un fan de rugby !
4. Il est informaticien.

5. Nous allons à la chorale 2 fois par semaine.
6. Il écrit un mél à Christophe.
7. Avec qui va-t-il au cinéma samedi soir ?
8. Ils jouent au foot le samedi.

Je peux exprimer la fréquence

... / 5 (1 point par phrase correcte)

2 Faites des phrases avec les éléments proposés.

1. Il / aller / parfois / cinéma : ....

2. Elle / sortir avec Virginie et Angélique / souvent : ....

3. Que / faire / tu / le vendredi soir / ? : ....

4. Nous / aller / piscine / 2 fois / semaine : ....

5. Je / lire / rarement / bandes dessinées : ....

Je peux poser des questions

... / 5 (1 point par phrase correcte)

3 Posez des questions. Vous demandez :

1. – à votre professeur : son âge. .... ?

2. – à un ami : son sport favori. .... ?

3. – à votre sœur : ses activités pour demain. .... ?

4. – au père d'un ami : des nouvelles de sa femme. .... ?

5. – à une amie : son animal préféré. .... ?

Je peux utiliser les articles

... / 5 (0,5 point par bonne réponse)

4 Complétez les phrases avec des articles définis et indéfinis.

1. C'est .... gare. Quelle gare ? .... gare Saint-Lazare.

2. Qu'est-ce que tu lis ? C'est .... BD ? Oui, c'est .... dernière BD de Bilal.

3. Je téléphone à .... ami. Quel ami ? .... ami de Sonia.

4. Il a rendez-vous avec .... professeur, ... professeur de mathématiques de son fils.

5. Hier, nous avons regardé .... photos. .... photos de Venise ? Oui, elles sont très belles.

Je peux utiliser les adjectifs démonstratifs et possessifs

... / 5 (0,5 point par bonne réponse)

5 Complétez le dialogue.

– Regarde .... maison ! C'est la maison de .... oncle François.

– Et .... cousins, ils habitent encore là ?

– Dimitri, oui, mais .... sœur Lucie, elle vit à Lausanne avec .... mari et

.... 2 enfants. Regarde .... photo : .... femme brune, c'est Lucie, et

.... homme, c'est Dimitri.

– Et .... enfants, qui est-ce ?

– Ce sont les 2 fils de Lucie.

Je peux utiliser le passé composé
... / 5 (0,5 point par verbe correct)

6 **Mettez le texte suivant au passé.** *(Attention, c'est un homme qui parle.)*

Aujourd'hui je vais dans un grand magasin. J'achète une table et des chaises. Puis je rentre chez moi. Je mets la table et les chaises dans le salon. Ensuite j'invite mes voisines à dîner. Elles arrivent à 20 heures. Nous mangeons, buvons, écoutons de la musique. Elles partent à 23 heures.

Hier ....

....

....

....

Je peux parler du lieu d'origine et d'habitation ... / 5 (0,5 point par bonne réponse)

7 **Complétez les phrases.**

1. Il vient .... Équateur, mais il vit .... Canada.

2. Il vient .... Afrique du Sud, mais il vit .... Angleterre.

3. Il vient .... Tchad, mais il vit .... Maroc.

4. Il vient .... Norvège, mais il vit .... Yémen.

5. Il vient .... États-Unis, mais il vit .... Antilles.

Je peux compter jusqu'au million
... / 5 (1 point par bonne réponse)

8 **Calculez et écrivez les chiffres trouvés en lettres.**

1. trois cent sept   + mille   = ...

2. ......   + quatre cents = mille cent

3. mille deux cent quatre-vingts + ...   = un million mille deux cent quatre-vingts

4. deux mille cent un   + cent   = ...

5. cinq cent un   + ...   = trois mille sept cent six

➲ Résultats : ... points sur 40

1 📖 ▶ Livre de l'élève p. 68 **Relisez le document A et dites si c'est vrai, faux ou si cela n'est pas dit (?).**

	Vrai	Faux	?
1. Il y a 7 trains.	☐	☐	☐
2. Le train 16807 arrive à 11 h 16.	☐	☐	☐
3. Le train de 12 h 30 arrive à 16 h 50.	☐	☐	☐
4. Le train 62541 passe par la gare du Nord.	☐	☐	☐
5. Trois trains partent le matin.	☐	☐	☐
6. Trois trains arrivent vers midi.	☐	☐	☐

2 📖 ▶ Livre de l'élève p. 68 **Réécoutez le dialogue B et trouvez le résumé correspondant à la situation.**

Résumé 1 :

Éric est étudiant. Pour les vacances, il veut partir en voyage en Indonésie avec une amie, Dalila. Il lui téléphone pour fixer un rendez-vous. Dalila vient chez lui après-demain. Elle va venir en train.

Résumé 2 :

Éric est guide touristique. Il travaille avec Dalila. Ils vont partir à Bali en train. Dalila va passer chez Éric pour préparer le voyage.

Résumé 3 :

Éric et Dalila veulent partir en vacances en Indonésie. Dalila va aller chez Éric et ils vont préparer le voyage ensemble. Dalila va venir chez lui en train.

3 **Remettez dans l'ordre le dialogue suivant.**

a. ADRIEN : Bonjour, c'est Adrien. ....

b. ADRIEN : Bien, merci. Je ne te dérange pas ? ....

c. ADRIEN : Ok, merci beaucoup. Désolé mais je dois te laisser, je suis au travail. Salut ! ....

d. STÉPHANIE : Allô ? ....1...

e. STÉPHANIE : Si, bien sûr. Ne quitte pas, je vais le chercher... Alors, c'est le 05 63 64 92 17. ....

f. STÉPHANIE : Pas de problème. Salut ! ...9...

g. ADRIEN : Dis-moi, tu n'as pas le numéro de téléphone de Christelle ? ....

h. STÉPHANIE : Non, pas du tout. ....

i. STÉPHANIE : Ah, salut Adrien, comment ça va ? ....

4 **Regardez l'agenda de Guillaume, puis complétez le dialogue.**

	Samedi	○○	○○	**Dimanche**	
	_____	○○	○○	_____	
		○○		_____	
10 h	*Aller voir maman.*			_____	
	Rentrer avant midi.			_____	
12 h	*Tirage du loto à la TV.*	○○	○○	_____	
	Réviser pour le devoir de			_____	
	Maths.	○	○	**14 h** *Cinéma.*	
	_____			_____	
16 h	*Match de foot.*	○	○	_____	
	_____			_____	
20 h	*Soirée chez Lucile.*	○○	○○	_____	
	_____			**21 h** *Train.*	

VINCENT – Qu'est-ce que tu fais ce week-end ? On travaille sur le projet ?

GUILLAUME – ....

VINCENT – Moi, samedi après-midi... Je suis libre vers 16 h.

GUILLAUME – ....

VINCENT – Bon, alors le matin, ça te va ?

GUILLAUME – ....

VINCENT – Mais tu es libre quand ?

GUILLAUME – ....

VINCENT – Non, désolé, ce n'est pas possible.

GUILLAUME – ....

VINCENT – Ok, d'accord.

5 📖 ▶ Livre de l'élève p. 69 **Réécoutez le dialogue C et dites quels sont les mots ou expressions utilisés pour :**

1. S'excuser : ....

2. Donner quelque chose : ....

6 **Cochez la bonne réponse et dites où on peut entendre ces phrases.**

1. Bonjour, monsieur...
  ☐ Bonjour, je voudrais un croissant et une baguette, s'il vous plaît.
  ☐ Bonjour, je cherche un croissant, s'il vous plaît.
  ☐ Bonjour, j'achète un croissant, s'il vous plaît.   ....

2. Je peux vous aider ?
  ☐ Non, je n'ai pas la monnaie.
  ☐ Ça fait 2 euros.
  ☐ Oui, je cherche un cadeau pour mon ami.   ....

3. Je voudrais un billet pour Toulouse, s'il vous plaît.
  ☐ Ne quitte pas.
  ☐ Désolé, je n'ai pas de croissants.
  ☐ Aller-retour ?   ....

7 **Lisez cette invitation et répondez à Veronika.**

> *Salut Sandro,*
> *Comment ça va ? Moi, je vais très bien.*
> *La semaine prochaine, je suis en vacances. Est-ce que tu peux venir à Prague ?*
> *Je sais que tu es en train de réviser pour tes examens, mais si tu veux faire une petite pause...*
> *Écris-moi vite pour me donner ta réponse (mon téléphone ne marche pas).*
> *Au fait, il y a des petits travaux chez moi et il n'y a pas d'eau dans la salle de bain. Ça ne te dérange pas ??*
> *Dis-moi aussi comment tu viens et vers quelle heure tu arrives.*
> *Si tu veux, je peux venir te chercher à l'aéroport ou à la gare.*
> *Embrasse tes parents et réponds-moi vite.*
> *Je t'embrasse,*
>   *Veronika*

GRAMMAIRE

Le présent continu et le futur proche

1 **Dites ce qu'ils vont faire.**

Exemple : Le téléphone sonne. → *Je vais répondre.*

1. Il est malade. → ....

2. J'ai faim. → ....

3. Nous sommes fatigués. → ....

4. Ils ont soif. → ....

5. Tu as acheté un billet d'avion. → ....

2 **Mettez les verbes au présent continu quand c'est possible.**

1. Je <u>lis</u> un super livre. Ça s'appelle *Voyage de la nuit*.

Je suis en train de lire un super livre.

2. Désolé, mais nous n'avons pas le temps, nous cherchons les clés de la voiture.

....

3. Je vais souvent au cinéma. Je prépare un exposé sur Luc Besson pour le lycée.

....

4. Ils ont une fille. Elle dort dans sa chambre. ....

5. Qu'est-ce que tu fais ? ....

3 **Conjuguez les verbes au passé composé, au présent, au présent continu ou au futur proche. (Plusieurs réponses sont possibles.)**

Sʏʟᴠɪᴀ : – Qu'est-ce que tu *es en train de faire* (faire) ?

Lᴜᴅɪᴠɪɴᴇ : – Je .... (chercher) mon billet. Le contrôleur .... (bientôt arriver).

Sʏʟᴠɪᴀ : – Zut ! J'.................. (oublier) de composter mon billet.

Lᴜᴅɪᴠɪɴᴇ : – Pas de chance, tu .... (payer) une amende.

Lᴇ ᴄᴏɴᴛʀôʟᴇᴜʀ : – Mesdemoiselles, bonjour ! Vos billets, s'il vous plaît.

Sʏʟᴠɪᴀ : – Tenez !

Lᴇ ᴄᴏɴᴛʀôʟᴇᴜʀ : – Mais vous .... (avoir) un billet de seconde et vous .... (être)

en première ici !

Sʏʟᴠɪᴀ : – Excusez-nous, monsieur, nous .... (changer) de place.

Lᴜᴅɪᴠɪɴᴇ : – Je .... (être) désolée, monsieur, mais moi, j'.................. (oublier)

de composter mon billet.

Lᴇ ᴄᴏɴᴛʀôʟᴇᴜʀ : – Alors, ça .... (faire) 15 euros, s'il vous plaît.

Pouvoir – Vouloir

4 **Complétez le dialogue avec *vouloir* ou *pouvoir*.**

1. – Bon, on prend l'avion ou le train ?

– L'avion, moi, je ne .... pas. Je n'ai pas assez d'argent.

– Comme tu ....

2. – Vous .... un café ?

– Non merci, après je ne .... pas dormir. Mais je .... bien

un thé, s'il vous plaît.

3. – Tes parents sont d'accord pour la fête ?

– Pas vraiment, ils .... bien prêter le garage, mais on ne ....

pas faire de bruit après 23 h.

La question avec *quand*

5 **Trouvez les questions avec *quand*. Attention, utilisez la forme indiquée.**

1. .... ? (standard)

Ils peuvent venir mardi prochain.

2. .... ? (formel)

Elle a rendez-vous le mois prochain.

3. .... ? (standard)

Demain matin.

4. .... ? (familier)

Hier et après je suis rentré.

6 **Trouvez les questions. Attention, utilisez la forme indiquée.**

1. *Je ne vous dérange pas* ? (familier)

Si, là, tu vois, nous sommes en train de travailler.

2. .... ? (formel)

En voiture.

3. .... ? (standard)

15 €.

4. .... ? (formel)

Vers 13 heures.

1 📖 ▸ Livre de l'élève p. 72 **Relisez le document A, puis retrouvez et soulignez les 10 erreurs dans le texte ci-dessous.**

Alain est informaticien dans une petite entreprise. Le matin, il se lève à 9 heures, se douche, met une tenue décontractée et part au travail en métro. Il prend son petit déjeuner au bureau, puis organise sa journée de travail. Le soir, il dîne vers 20 heures et s'occupe de ses 3 enfants. Après le dîner, il répète avec son groupe de blues, il est guitariste. Le week-end, ils donnent des concerts au Stade de France.

2 **Associez les questions et les réponses.**

1. Alain se lève tard ?
2. Il n'a pas d'enfants ?
3. Il ne regarde pas la télévision après le dîner ?
4. Il répète souvent ?
5. Il se couche à quelle heure ?

a. Tous les soirs.
b. Non, très tôt.
c. Vers minuit.
d. Si, 2.
e. Non, jamais.

3 **Voici la journée de Pierre Tovatti. Remettez les phrases dans l'ordre.**

a. À midi et demi, il déjeune dans un petit restaurant. ....
b. Ensuite, il quitte la maison vers 8 heures. ....
c. Il dîne, puis il lit ou regarde la télévision. ....
d. Pierre se lève tous les jours à 7 heures du matin. ...1...
e. Il se couche souvent très tard. ....
f. Le soir, il rentre chez lui vers 20 heures. ....
g. Il va au travail en voiture. ....
h. Il se lave, il s'habille, puis il prend son petit déjeuner. ....

4 **Est-ce que c'est logique ? Cochez la bonne réponse.**

	Logique	Pas logique
1. Après le dîner, je regarde la télévision.	☐	☐
2. Je me lève, puis je me réveille.	☐	☐
3. Le week-end, je me promène dans la cuisine.	☐	☐
4. Je me brosse les dents dans la salle de bains.	☐	☐
5. Je me regarde dans la glace.	☐	☐
6. Le matin, je me lève à minuit.	☐	☐
7. Quand je suis fatigué(e), je me repose.	☐	☐
8. Je me douche dans la salle à manger.	☐	☐

5 **Complétez le test « Avez-vous une vie originale ? » avec les 10 phrases suivantes (a. et b.). Puis imaginez (c.) les 5 phrases manquantes.**

vous les faites tous les jours	~~à 6 h 30~~	vos amis les font pour vous	~~entre midi et 2 heures~~

vous le prenez chez vos voisins	ils vous invitent au restaurant tous les soirs	vous le prenez chez vous

vous la faites avec plaisir	vous les voyez 2 ou 3 fois par mois

vous ne la faites jamais, vous préférez aller au restaurant

1. Vous vous levez	**a.** *à 6 h 30.*
	b. *entre midi et 2 heures.*
	c. *quand vous voulez.*
2. Votre petit déjeuner,	**a.** ....
	b. ....
	c. ....
3. Les tâches ménagères,	**a.** ....
	b. ....
	c. ....
4. La cuisine,	**a.** ....
	b. ....
	c. ....
5. Vos amis,	**a.** ....
	b. ....
	c. ....

6 📖 ▶ Livre de l'élève p. 73 **Relisez le document B et dites quelle peut être la description d'un homme très stressé.**

1. Tous les matins, il se réveille en pleine forme, puis il prend tranquillement son petit déjeuner.
2. Ses amis sont toujours en retard aux rendez-vous, mais il ne s'énerve pas et les attend tranquillement.
3. Il est toujours fatigué et n'a jamais le temps de voir ses amis.

7 **Racontez la journée de Clara. Utilisez *d'abord, puis, ensuite, ...***

....
....
....

8 **Imaginez 24 heures de la vie de David, disc-jockey à Ibiza.**

....
....
....

GRAMMAIRE

Les verbes pronominaux et les verbes en -ir

1 **Mettez dans l'ordre.**

1. tous / nous / les / tard / couchons / soirs / nous / très

....

2. maquille / souvent / yeux / je / les / me

....

3. dans / se / elle / souvent / regarde / glace / très / la

....

4. le / vous / ce / promenez / est / vous / – / que / week-end / ?

....

5. lèves / sept / tu / avant / ne / heures / jamais / te

....

2 **Choisissez un élément de chaque groupe pour faire une phrase.** *(Plusieurs réponses sont possibles.)*

tu	vous	habille	dans	votre chien
nous	s'	promenez	à	6 h 15
il	te	regarde	...	sa chambre
elles	se	couchons	vers	les yeux
je	me	lèves	avec	minuit
vous	nous	maquillent	dans	la glace

1. ....

2. ....

3. ....

4. ....

5. ....

6. ....

3 **Trouvez le bon verbe et conjuguez au présent.**

| faire | se coucher | prendre | s'habiller | partir | se lever | s'endormir | se doucher | boire |

– Tu .... tôt le matin ?

– À 6 heures.

– Et ensuite, qu'est-ce que tu .... ?

– Je .... , je .... , je .... un café,

puis je .... travailler.

– En voiture ?

– Non, je .... le métro.

– Et le soir, tu .... à quelle heure ?

– Vers minuit, mais je ne .... jamais avant 1 heure du matin.

4 **Imaginez les questions.**

1. ....? Il se lève à 7 heures.

2. ....? Non, nous nous couchons tôt.

3. ....? Je me lave les cheveux tous les jours.

4. ....? Non, ils se promènent rarement.

Les pronoms personnels COD

5 **Cochez la ou les réponse(s) correcte(s).**

1. Tu <u>les</u> fais tous les jours ?	les = ☐ le ménage	☐ les courses	☐ la vaisselle
2. Je ne <u>la</u> vois pas souvent.	la = ☐ ma sœur	☐ mon amie	☐ Philippe
3. Ils <u>le</u> prennent souvent ?	le = ☐ l'autobus	☐ le métro	☐ l'avion
4. Vous <u>l'</u>adorez.	l' = ☐ vos parents	☐ votre fille	☐ votre travail
5. On <u>les</u> retrouve à quelle heure ?	les = ☐ nos enfants	☐ Ivan	☐ tes amies
6. Je ne <u>l'</u>ai pas.	l'= ☐ son adresse	☐ votre numéro de téléphone	☐ tes chaussures

6 **Imaginez les questions.**

1. ....? Oui, nous les retrouvons à 18 heures.

2. ....? Non, ils ne l'attendent pas.

3. ....? Oui, il le lit tous les matins.

4. ....? Oui, je l'aime beaucoup.

5. ....? Non, elle les passe demain.

6. ....? Oui, je la vois souvent.

7 **Répondez aux questions suivantes en utilisant des pronoms compléments d'objet direct.**

1. Ils écoutent souvent la radio ?   Oui, ...

2. Tu as le numéro de téléphone de Clémence ?   Non, ...

3. Elle prépare le dessert ?   Oui, ...

4. Tu m'appelles demain soir ?   Oui, ...

5. Tu connais la sœur de Thomas ?   Non, ...

6. Vous invitez souvent vos amis à dîner ?   Non, ...

Vocabulaire

1 Dans les phrases, regardez les heures, puis dites quelle est la bonne carte « Bingo ».

	15 h 45	8 h 10
	22 h 30	
7 h 15		12 h 00

Carte n° 1

10 h 30		00 h 00
7 h 50		15 h 45
	3 h 45	

Carte n° 2

		7 h 50	
22 h 30			15 h 45
7 h 15	00 h 00		

Carte n° 3

a. Cet après-midi, on prend le train de quatre heures moins le quart.

b. Je rentre vers minuit. Je ne peux pas rentrer tard.

c. Le cours commence à huit heures moins dix.

d. – Quelle heure est-il, s'il te plaît ? – Dix heures et demie. – Bon, je te laisse... Bonne nuit !

e. Le lundi matin à sept heures et quart, je suis dans le métro.

La bonne carte « Bingo » est la carte numéro ....

2 Écrivez l'heure en lettres, de deux façons possibles.

1. 14 h 15 : ....

ou ....

2. 00 h 30 : ....

ou ....

3. 6 h 45 : ....

ou ....

4. 21 h 40 : ....

ou ....

5. 19 h 10 : ....

ou ....

6. 12 h 50 : ....

ou ....

3 Où pouvez-vous entendre ces phrases ?

sur un bateau	dans un train	dans un aéroport	à un arrêt de bus	dans un métro

1. « Madame, monsieur, vos billets, s'il vous plaît ! » → ....

2. « Excusez-moi, mais le numéro 572 va bien à la gare du Nord ? » → ....

3. « Attention à la fermeture des portes » → ....

4. « Ça ne va pas, je crois que j'ai le mal de mer. » → ....

5. « Les passagers du vol AF 475 à destination de Singapour sont priés de se rendre immédiatement à la porte d'embarquement B18. » → ....

4 Répondez aux questions.

1. Comment partez-vous en vacances cette année ?

(voiture) ....

2. Comment va-t-elle à son travail ?

(pied) ....

3. Comment ont-ils voyagé en Mongolie ?

(cheval) ....

4. Comment vont-ils aller en Angleterre ?

(bateau) ....

5 Entourez la bonne proposition.

1. – Tu *viens / vas* demain ?
   – Non, je *pars / arrive* à Berlin ce soir.

2. – Ils sont *arrivés / allés* ?
   – Oui, ils sont dans la cuisine, en train de parler avec Christian.

3. – Vous *venez / allez* comment au bureau ?
   – Je *prends / viens* le métro.

4. – Je *vais / viens* au cinéma. Tu veux *venir / aller* ?
   – J'aimerais bien, mais je ne peux pas.

6 Retrouvez les verbes pronominaux associés aux dessins ci-dessous.

Exemple : → *Se réveiller / Se lever*

1. → ....

3. → ....

2. → ....

4. → ....

7 Retrouvez le mot correspondant à la définition. *(Plusieurs réponses sont possibles.)*

Exemple : On la regarde souvent le soir. → La = *La télévision.*

1. On les ouvre le matin, on les ferme le soir. → Les = ...

2. On le prend le matin dans la cuisine. → Le = ...

3. On la lave après le dîner. → La = ...

4. On les attend 9 mois. → Les = ...

5. On a mal aux yeux quand on le regarde longtemps. → Le = ...

6. On le prend quand on va au travail. → Le = ...

Phonie-graphie

8 Le son [o].
Complétez le texte suivant avec *o, ôt, au, aud* ou *eau.*

Le matin, Th......mas se lève t...... . Quand il fait b...... et ch......, il va ...... bur...... à vél...... .

Quand il fait m......vais temps, il prend le métr...... ou l'......t......bus.

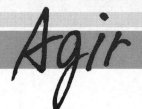
1 📖 ▶ Livre de l'élève p. 78 **Réécoutez le document A, puis retrouvez et soulignez les 4 erreurs dans le règlement de Loréac.**

RÈGLEMENT

Chez Loréac,

- Les employés n'ont pas le droit de stresser.
- Il est interdit de travailler après 16 heures.
- Les employés ne doivent pas travailler le week-end.
- Il faut faire du sport 4 fois par jour.
- Il est interdit de téléphoner.
- Les employés ont le droit d'écouter de la musique dans leur bureau.
- Il ne faut pas déranger ses collègues.
- Les employés doivent porter un costume tous les jours.

---

2 **Imaginez le règlement d'une école de langues très stricte. Utilisez les structures proposées.**

1. Il est interdit de ....

2. Les étudiants n'ont pas le droit de ....

3. Il ne faut pas ....

4. Les étudiants ne doivent pas ....

5. Il faut ....

6. Les étudiants doivent ....

3 📖 ▶ Livre de l'élève p. 79 **Relisez le document B et dites si c'est vrai, faux ou si cela n'est pas dit.**

	Vrai	Faux	?
1. Alex a fini ses études d'économie l'année dernière.	☐	☐	☐
2. Marc cherche un(e) stagiaire de septembre à janvier.	☐	☐	☐
3. Raf82 a fait 9 ans d'études de médecine.	☐	☐	☐
4. Alex a adoré son stage chez Loréac.	☐	☐	☐
5. Bastien passe des examens en juin.	☐	☐	☐
6. Gigi fait un stage chez Loréac.	☐	☐	☐
7. Marc et Alex sont amis.	☐	☐	☐
8. Gigi a raté ses examens.	☐	☐	☐
9. Bastien étudie la médecine.	☐	☐	☐

4 **Choisissez un élément de chaque groupe pour faire une phrase.**

nous		as réussi		son épreuve de chimie
elles		sommes		stagiaire dans une entreprise
tu		étudient		en première année de droit
il		fais		des études de médecine
je		êtes		l'économie
vous		a raté		tes examens

1. ....
2. ....
3. ....
4. ....
5. ....
6. ....

5 **Lisez les informations suivantes, puis complétez la grille ci-dessous. Toutes les informations données sont importantes.**

1. L'étudiante en médecine n'est pas en 1re année.
2. L'étudiant de Rouen déteste les mathématiques.
3. Le futur journaliste est en 2e année.
4. Rodolphe et le passionné de maths n'habitent pas à Paris.
5. L'étudiant de Montpellier n'est pas en 6e année.

	Études	Année	Ville
Rodolphe			
Esther			
Simon			

6 **Un(e) ami(e) part faire des études à Montréal. Écrivez vos recommandations.**

....
....
....
....
....
....
....
....
....
....
....
....
....

GRAMMAIRE

L'interdiction et l'obligation

1 Transformez les interdictions suivantes comme dans l'exemple, puis dites où vous pouvez lire ces interdictions. *(Plusieurs réponses sont possibles.)*

Exemple : Il est interdit de fumer. → *Il ne faut pas fumer. (Dans les lieux publics.)*

1. Vous ne devez pas parler au chauffeur. → ....

2. Vous n'avez pas le droit de prendre des photos. → ....

3. Vous ne devez pas faire de bruit. → ....

4. Vous n'avez pas le droit d'utiliser votre téléphone portable. → ....

5. Il est interdit de marcher sur la pelouse. → ....

2 Transformez les interdictions ou les obligations suivantes comme dans l'exemple. Utilisez le verbe *devoir* au présent.

Exemple : Il ne faut pas fumer ici. / Vous → *Vous ne devez pas fumer ici.*

1. Il ne faut pas écrire sur les tables. / Vous → ....

2. Il est interdit de sortir de la salle sans autorisation. / Ils → ....

3. Il faut respecter ses professeurs. / Tu → ....

4. Il est interdit de toucher les tableaux. / Je → ....

5. Il faut beaucoup étudier. / Nous → ....

L'impératif

3 Complétez le tableau ci-dessous.

Infinitif	Impératif 2e personne du singulier	Impératif 1re personne du pluriel	Impératif 2e personne du pluriel
			Regardez
Aller			
	Finis		
		Sortons	
	Aie		
			Prenez
		Promenons-nous	
Lire			
			Venez
	Sois		
Se lever			
		Buvons	

4 **Donnez le contraire des phrases suivantes.**

Exemple : Réveille-toi ! *Ne te réveille pas !*

1. Ne nous dépêchons pas ! ....

2. Maquillez-vous ! ....

3. Habillons-nous ! ....

4. Ne vous rasez pas ! ....

5. Ne te couche pas ! ....

5 **Donnez des conseils. Utilisez la 2ᵉ personne du singulier de l'impératif.**

Exemple : J'ai faim. → *Mange !*

1. Je suis fatigué. → ....

2. J'ai soif. → ....

3. C'est l'anniversaire de mon ami. → ....

4. Je suis malade. → ....

5. Je suis en retard. → ....

6. J'ai froid. → ....

7. Je cherche un stage en entreprise. → ....

6 **Des parents laissent leur fils de 15 ans seul à la maison pour le week-end.**
Complétez la liste de leurs recommandations avec les verbes ci-dessous conjugués à la 2ᵉ personne du singulier de l'impératif.

se coucher	regarder	être	prendre	fermer	écrire	sortir	passer

Quelques conseils avant de partir :

.... bien la porte à clé.

.... une douche tous les matins.

Ne .... pas la télévision jusqu'à minuit.

.... à ta grand-mère, c'est son anniversaire mercredi.

.... poli avec les voisins.

.... le chien tous les jours.

.... tôt.

.... un bon week-end, mon chéri !

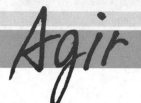

1 📖 ▶ Livre de l'élève p. 82 **Réécoutez les dialogues du document A, puis cochez la case correcte.**

	Mickaël	Julie	Frédéric	Clément
1. Il/Elle est au chômage.	☐	☐	☐	☐
2. Il/Elle a un BTS.	☐	☐	☐	☐
3. Il/Elle ne veut pas travailler dans le secteur de la mode.	☐	☐	☐	☐
4. Il/Elle est commercial(e).	☐	☐	☐	☐
5. Il/Elle aime rencontrer de nouvelles personnes.	☐	☐	☐	☐
6. Il/Elle n'a jamais travaillé.	☐	☐	☐	☐
7. Il/Elle est très fort(e) dans son domaine.	☐	☐	☐	☐

2 **Lisez cette offre d'emploi et répondez aux questions.**

1. Est-ce que cette annonce me concerne, si...

a. le samedi et le dimanche, je vais souvent chez mes parents.
Ils habitent à Lyon.   ☐ Oui ☐ Non

b. je n'ai jamais travaillé dans un café.   ☐ Oui ☐ Non

c. je suis étudiante,
mais je veux gagner de l'argent.   ☐ Oui ☐ Non

d. j'aime le contact.   ☐ Oui ☐ Non

e. j'habite à Paris.   ☐ Oui ☐ Non

f. je ne veux pas travailler le soir.   ☐ Oui ☐ Non

> Ch. serveur(-euse) avec exp. pour w-e et soirs. Bon salaire + pourboires.
> RV matin, au bar Le Concorde, 31 rue des Châlets, Perpignan.

2. Quand faut-il se présenter au café ?

....

3 **Associez.**

1. Vous avez de l'expérience ?
2. Pourquoi voulez-vous faire un stage ?
3. Vous travaillez encore à la boulangerie ?
4. Qu'est-ce que vous faites dans la vie ?
5. Pourquoi souhaitez-vous changer de secteur ?
6. Les conditions de travail sont-elles bonnes ?

a. Pour avoir de l'expérience.
b. Parce que la mode ne m'intéresse plus.
c. Oui, j'ai déjà travaillé dans l'immobilier.
d. Non, plus maintenant.
e. Non, il faut travailler le week-end.
f. Je suis vendeur.

4 **Complétez le dialogue.**

1. – Vous avez votre CV, s'il vous plaît ?

– ....

2. – Pouvez-vous me parler un peu de vous ?

– ....

3. – Et vous avez fait quelles études ?

– ....

4. – Vous savez, on cherche une personne qui a déjà de l'expérience.

– ....

5. – Quand avez-vous fait ce stage ?

– ....

6. – Pourquoi est-ce que vous souhaitez travailler avec nous ?

– ....

7. – Merci beaucoup, nous allons vous contacter très vite pour vous donner notre réponse.

– ....

5 📖 ▶ Livre de l'élève p. 83 **Relisez les petites annonces du document B. Regardez les nouvelles annonces et associez-les à Agathe, Arthur, Simone et Guillaume.**

Petite annonce 1 : ....

Petite annonce 2 : ....

Au secours ! Mon ordinateur a bugué. Quelqu'un peut m'aider ? J'habite dans la région toulousaine. Mél : padici31@hotmail.fr mais comme je n'ai plus Internet... tél. : 05 65 89 71 10

Cherche étudiant(e) pour garder ma fille (6 ans) le week-end. Tél. : 04 73 87 21 30 uniquement le week-end ou heures des repas.   M. Teteg

Petite annonce 3 : ....

Petite annonce 4 : ....

Village de Septfonds cherche personnes pour s'occuper de la bibliothèque de la maison de retraite. Organisation de spectacles + lectures souhaitées.

Vous aimez les enfants ? Vous avez de l'expérience ? Lili cherche une personne gentille pour la garder le soir après l'école. Contactez sa maman au 02 90 54 67 13.

6 **Posez une question avec un élément de A, puis répondez avec un élément de B.**

A Pourquoi ?	
tu	mettre un costume
ils	*aller chez le médecin*
vous	s'énerver
elle	ne pas téléphoner à Marie
il	être inquiet

B Parce que /qu'	
elle	ne pas vouloir la déranger
je	ne pas trouver mon agenda
je	devoir passer un entretien d'embauche
ils	*être malade*
il	avoir un examen demain

1. *Pourquoi va-t-elle chez le médecin ?*   *Parce qu'elle est malade.*

2. .... ?   ....

3. .... ?   ....

4. .... ?   ....

5. .... ?   ....

GRAMMAIRE

La négation (3)

1 **Répondez aux questions.**

1. Tu as déjà lu un livre en anglais ?

Non, ...

2. Vous faites encore des études ?

Non, ...

3. Ils sont toujours malades ?

Non, ...

4. Tu t'es déjà disputé avec elle ?

Non, ...

5. C'est toujours un bon restaurant ?

Non, ...

6. Vous vous êtes déjà endormi au cinéma ?

Non, ...

2 **Trouvez les questions.**

1. .... ?

Non, maintenant on habite dans le XVe arrondissement.

2. .... ?

Non, nous n'avons jamais travaillé.

3. .... ?

Non, ils sont partis hier.

4. .... ?

Non, je ne l'ai jamais vu.

C'est / Il est

3 **Associez.**

	a. commerçante.
	b. un bon étudiant.
1. C'est	**c.** fatiguée.
2. Il est	**d.** italien.
3. Elle est	**e.** journaliste et colombienne.
	f. étudiant mais il a un petit boulot.
	g. une actrice très connue.
	h. un CV exceptionnel.

L'expression de la cause et du but

4 **Retrouvez le début des phrases suivantes.**

1. .... pour ne pas être en retard.

2. .... pour ne pas m'ennuyer.

3. .... pour ne pas m'énerver.

4. .... pour ne plus être inquiète.

5 **Complétez avec *pour* ou *parce que* et mettez le verbe entre parenthèses à la forme correcte.**

– Pourquoi est-ce que tu ne manges pas ?

– .... (ne pas avoir faim).

– Mais tu n'as rien mangé hier non plus. Qu'est-ce qui se passe ?

– Je suis un peu inquiète.

– Pourquoi ?

– .... (avoir un entretien) à 15 h.

– Tu veux changer de boulot ?

– Oui, ... (pouvoir) rentrer à la maison tôt.

– Pourquoi ?

– .... mon fils finit l'école à 16 h maintenant et je voudrais trouver

un emploi à mi-temps .... (m'occuper) de lui.

6 **Répondez aux questions suivantes.**

1. Pourquoi fait-on des études ?

→ parce que ....

→ pour ....

2. Pourquoi ne travaille-t-on pas le week-end ?

→ parce que ....

→ pour ....

3. Pourquoi est-ce que tu ne sors plus le samedi soir ?

→ parce que ....

→ pour ....

4. Pourquoi est-ce que tu vas encore à la librairie ?

→ parce que ....

→ pour ....

Vocabulaire

1 **Complétez le texte avec les mots suivants.**

entreprise – expérience – études – travail –
emploi – projet – stage – CV – boulots

J'ai terminé mes .... en 2006. J'ai cherché un .... dans l'informatique

mais je n'ai rien trouvé parce que sans ...., c'est difficile. Alors, j'ai fait un ....

dans une grande .... Je n'ai pas aimé. Trop de stress ! Ensuite, j'ai fait des petits .... :

serveur, coursier, soutien scolaire... j'ai même fait DJ (mais seulement pour une soirée).

Puis, un jour j'ai rencontré Éliot, il m'a beaucoup parlé de son .... Il est skipper.

C'est fantastique ! Le bateau, j'adore. Alors j'ai abandonné mon .... de devenir le Bill Gates

français, j'ai déchiré tous mes .... et je suis parti naviguer avec Éliot.

2 **Écrivez les ordinaux en toutes lettres.**

Mon mari et moi vivons à Marseille, dans le .... (7e) arrondissement. Nous habitons dans

un petit appartement, au .... (5e) étage sans ascenseur. Nos voisins sont très sympathiques.

Ils ont 2 filles. La .... (1re) fait des études de médecine, elle est en .... (4e)

année. La .... (2e) étudie la littérature, elle adore les écrivains français du ....

.... (19e) siècle.

3 **Quelle est leur profession ?**

Exemple : Il travaille à la campagne avec un tracteur. → *Il est agriculteur.*

1. Elle prend des photos pour des magazines. → ....

2. Il écrit des articles. → ....

3. Elle travaille dans un hôpital avec des médecins. → ....

4. Il montre des maisons à louer ou à acheter. → ....

5. Il travaille dans une boucherie. → ....

6. Il vend des livres. → ....

7. Elle joue dans des films. → ....

8. Il vend du pain ou des croissants. → ....

9. Elle prépare des plats dans un restaurant. → ....

4 **Associez.**

1. un informaticien
2. une vendeuse
3. un journaliste
4. un chirurgien
5. un boucher
6. un opticien
7. une institutrice

a. des lunettes
b. de la viande (porc, veau, poulet...)
c. un magazine
d. une école
e. un hôpital
f. un ordinateur
g. un magasin

5 Qui parle ? Complétez le tableau.

	Un homme	Une femme	On ne sait pas
1. Je suis médecin.			
2. Je suis boulanger.			
3. Je suis agent immobilier.			
4. Je suis commerciale.			
5. Je suis informaticienne.			
6. Je suis cuisinier.			
7. Je suis serveuse.			
8. Je suis vendeur.			
9. Je suis directrice.			
10. Je suis libraire.			

6 Trouvez le féminin ou le masculin des professions suivantes.

1. agriculteur   →   ....

2. ....   →   représentante

3. informaticien   →   ....

4. ....   →   chanteuse

5. inspecteur des impôts   →   ....

6. assistant de direction   →   ....

7. ....   →   avocate

8. ....   →   infirmière

9. juge   →   ....

10. ....   →   secrétaire de direction

Phonie-graphie

7 Le son [f].
Complétez le dialogue suivant avec *f, ff* ou *ph*.

......ilippe télé......one à So......ie :

– Tu viens prendre un ca......é au Jet Set à 18 heures ?

– À 18 heures, ça va être di......icile. Je ......inis mon travail à 17 heures, ensuite j'ai rendez-vous chez

le coi......eur, puis je dois passer à la ......armacie, ma ......ille est malade.

– Alors, on ......ait quelque chose demain ?

– Ok, à demain !

AutoÉvaluation

Je peux fixer un rendez-vous

... / 5 (Comptez 1 point par bonne réponse.)

1 Retrouvez cinq phrases utilisées pour fixer un rendez-vous.

1. Tu viens à quelle heure ?
2. Combien coûte un ticket de métro ?
3. Lundi, ça te va ?
4. C'est 10 €.
5. Oui, à 14 heures, je suis libre.
6. Le bus 24 passe bien ici ?
7. Je prends le métro tous les jours.
8. D'accord pour mercredi prochain.
9. Demain, je ne peux pas.
10. Vous avez la monnaie ?

Je peux faire un achat

... / 5 (Comptez 1 point par bonne réponse.)

2 Choisissez la bonne proposition.

1. Je *voudrais / peux* un panini jambon-fromage, s'il vous plaît.
2. Alors un cahier, *c'est / il est* 3 € 25.
3. *Combien / Comment* coûte ce portable, s'il vous plaît ?
4. *Combien / Quel* est le prix d'une place de cinéma ?
5. Désolée, je n'ai pas *la monnaie / l'argent*.

Je peux dire l'heure

... / 5 (Comptez 0,5 point par bonne réponse.)

3 Écrivez l'heure en toutes lettres de deux manières différentes.

12 h 30	15 h 45	19 h 20	2 h 10	6 h 15
1.	2.	3.	4.	5. ....
....	....	....	....	....

Je peux parler d'activités présentes et futures

... / 4 (Comptez 0,5 point par bonne réponse.)

4 **1. Répondez aux questions suivantes en utilisant le présent continu.**

a. – Allô, je peux parler à Frédéric, s'il vous plaît ? – Non, désolée, il .... (dormir).

b. – Allô, bonjour, je ne te dérange pas ?

– Non, pas du tout. Je .... (regarder) la télévision, mais ce n'est pas très intéressant.

c. – Allô, Lola, on mange ensemble ce midi ?

– Non, désolée, Christophe et moi, nous .... (déjeuner).

d. – Allô, Manon est là ? – Oui, mais elle .... (prendre) une douche.

2. Que va-t-il se passer ? Imaginez une phrase au futur proche.

a. Je suis malade. ....

b. Tu as faim. ....

c. Il est en retard. ....

d. Ils sont fatigués. ....

Je peux parler des activités quotidiennes

... / 4 (Comptez 1 point par phrase correcte.)

5 **Faites des phrases au présent avec les éléments proposés.**

1. Je / se lever / tous les matins / à 6 heures / (+) ....

2. Tu / se coucher / vers quelle heure / ? ....

3. Nous / se maquiller / tous les jours / (–) ....

4. Ils / se promener / souvent / le week-end / (+) ....

Je peux exprimer des interdictions, des obligations,

des conseils et des ordres

... / 6 (Comptez 1 point par phrase correcte.)

6 **Imaginez ce que peuvent dire ces personnes. Faites deux propositions en variant les formules. Utilisez *Il est interdit de*, *Il faut* ou l'impératif.**

1. Un professeur à un étudiant : ....

2. Un policier à un automobiliste : ....

3. Un gardien de musée à des visiteurs : ....

Je peux parler de mon parcours

... / 5 (Comptez 0,5 point par bonne réponse.)

7 **Complétez le texte avec les mots suivants.**
médecine – travail – année – stage – chômage – études – économie – entreprise – examens – emploi

Je fais des .... de .... Je suis en 6ᵉ ....

L'été dernier, j'ai fait un .... de 2 mois dans un hôpital à Barcelone. J'ai rencontré

Xavier, un jeune Français. Il a étudié l'..................... à Paris, a réussi tous ses ....,

puis a travaillé 2 ans dans une grande ...., mais aujourd'hui il n'a plus

d'....................., il est au .... et cherche un nouveau ....

Je peux exprimer le but et la cause

... / 6 (Comptez 2 points par phrase correcte.)

8 **Répondez aux questions avec *pour* ou *parce que*.**

1. Pourquoi tu pars ? Le film n'est pas fini.

.... (être intéressant).

2. Pourquoi pleure-t-il ?

.... (tomber de vélo).

3. Pourquoi étudient-ils l'espagnol ?

.... (voyager en Amérique du Sud).

⟳ **Résultats : ... points sur 40**

1 📖 ▶ Livre de l'élève p. 94 **Relisez le document A et dites si c'est vrai, faux ou si cela n'est pas dit (?).**

	Vrai	Faux	?
1. Paris Plage commence au début du mois de juillet.	☐	☐	☐
2. On peut faire du sport, prendre le soleil et écouter de la musique.	☐	☐	☐
3. On a ouvert un troisième espace pour les jours de pluie.	☐	☐	☐
4. On peut voir l'exposition nipponne pendant 2 jours.	☐	☐	☐
5. Il est possible de rencontrer des auteurs de livres japonais.	☐	☐	☐
6. La bataille de Castillon a eu lieu dans le Sud de la France.	☐	☐	☐
7. Il y a un tarif spécial pour les étudiants.	☐	☐	☐

2 **Remettez dans l'ordre le dialogue suivant.**

a. SYLVIE : Pourquoi pas ? C'est quand cette exposition ? ....

b. SYLVIE : C'est bête, je suis déjà prise samedi...
Je vais au restaurant pour l'anniversaire de ma grand-mère. ....

c. IRÈNE : On va bientôt aller voir une super exposition de photos au « Château d'eau »
avec Léa et Shafica. Ça t'intéresse de venir ? ....1....

d. IRÈNE : Du 15 au 19 mars. Nous, on y va samedi, on se retrouve chez Léa vers midi. ....

e. IRÈNE : Oui ! Je t'envoie un texto pour confirmer. ....

f. IRÈNE : Dommage ! Mais on peut se retrouver plus tard si ça te dit ? ....

g. SYLVIE : Oui, bonne idée ! Vous allez au Café des Arts samedi soir ? ....

3 📖 ▶ Livre de l'élève p. 95 **Relisez le document C, puis retrouvez et soulignez les 4 erreurs dans l'interview de Grand Corps Malade.**

– Fabien...
– Je préfère que l'on m'appelle Grand Corps Malade.
– Très bien ! Alors, vous êtes né le 14 juillet, cela représente quelque chose pour vous ?
– Non, pas du tout !
– Vous avez fait de nombreux festivals avant de sortir votre premier album, pourquoi ?
– Tout simplement pour financer mes études.
– Et puis, *Minuit 20*, l'album qui vous a fait connaître...
– Oui, je ne sais pas comment l'expliquer, mais l'album a eu beaucoup de succès.
– Pendant deux ans, vous avez animé des ateliers d'écriture. Qu'est-ce qui vous a motivé ?
– Le slam, vous savez, c'est le partage. Alors, si je peux aider...

4 **Associez les questions aux réponses correspondantes.**

1. Tu reviens quand ?	**a.** 3 ans, je pense.
2. De quelle heure à quelle heure est-ce que tu travailles ?	**b.** Il y a une semaine.
3. Depuis quand est-ce qu'elle chante dans ce groupe ?	**c.** Fin mars.
4. Depuis combien d'années vous participez à ce tournoi ?	**d.** Depuis le début, je crois.
5. Vous devez répéter pendant combien de temps pour être prêts ?	**e.** De 9 h à 18 h.
6. Quand est-ce que tu es rentrée ?	**f.** Pendant encore 2 mois.

5 **Un journaliste interroge Nestor Burla, un nouveau comédien. Répondez aux questions à sa place.**

1. – Révélation à Cannes, vous êtes peu connu... Êtes-vous content d'avoir reçu ce prix ?

– *Oui, je suis très heureux d'être la révélation masculine de l'année.*

2. – Avez-vous déjà répondu à des interviews ou est-ce la première ?

....

3. – Dites-moi, pourquoi avez-vous choisi ce métier ?

....

4. – Dans ce film, vous avez tourné avec Monica Vesutti. Vous vous êtes revus depuis ?

....

5. – Combien de temps le tournage a-t-il duré ?

....

6. – Depuis la sortie, avez-vous eu de nouvelles propositions ?

....

7. – Maintenant, avec quel réalisateur aimeriez-vous travailler ?

....

6 **Lisez la réponse de Claire et imaginez l'invitation d'Anna.**

Chère Claire,

....

....

....

....

....

....

Réponds-moi vite.

Je t'embrasse.

Anna

Chère Anna,

Merci beaucoup pour ton invitation ! Nous sommes rentrés de Rome il y a trois mois et évidemment, j'ai envie de revoir les copains d'Erasmus. Non, je n'ai pas oublié Claudia... elle et ses saucisses au petit-déjeuner ! Je suis heureuse de lire que tout le monde va bien.

C'est super d'organiser une fête à Rome pour célébrer la fin de nos études. Bien sûr, je vais venir ! Qu'est-ce que je dois apporter ? Je peux venir avec mon ami Loick ? Il n'a jamais visité l'Italie !

À bientôt.

Claire

PS : Pourquoi tu veux faire la fête chez tes parents ? Ils ne sont pas là ?

GRAMMAIRE

Le pronom relatif *qui*

1 **Reliez les 2 phrases avec *qui* pour faire une seule phrase.**

1. Ma sœur Céline a un petit ami. Le petit ami de ma sœur est batteur dans un groupe de reggae.

....

2. Je vais voir Manu Chao en concert. Ce chanteur passe au Bijou vendredi soir.

....

3. Tu viens avec nous au festival du film ? Le festival a lieu du 3 au 5 mai.

....

4. On peut aller dîner au « Belles du jour » ? Le « Belles du jour » est un restaurant sur la place du 8 Mai.

....

2 **Mettez dans l'ordre.**

1. C'est / seconde / un / **qui** / mondiale / parle de / la / guerre / film.

C'est ....

2. Je / écrire / Norvège / mes / en / amis / suis en train d' / **qui** / à / sont.

Je ....

3. tournoi / un / **qui** / de / ping-pong / est / n' / pas / C'est / connu.

C'est ....

4. Le / est / me / musique / **qui** / jazz / une /calme.

Le ....

3 **Regardez cette photo. Anna présente ses amis à ses parents. Qu'est-ce qu'elle dit ?**

1. *Le garçon* **qui** *parle avec Claire s'appelle Juan.*

2. ....

3. ....

4. ....

5. ....

Les indicateurs temporels

4 **Construisez 7 phrases en reliant les éléments suivants.**

1. *J'apprends le français*		deux heures.
2. Elle joue dans ce groupe	*depuis*	les vacances.
3. Ils vont aller en Espagne	il y a	la naissance de son troisième enfant.
4. Tous les jours, nous répétons	pendant	*trois mois.*
5. Tu participes à cet atelier		une semaine.
6. Elle ne sort plus		la rentrée.
7. Je l'ai vu en concert		le 5 juin dernier.

5 **Transformez les phrases comme dans l'exemple.**

Exemple : Je suis en France **depuis** 1 an. → *Je suis arrivé en France* **il y a** *1 an.*

1. .... → Il s'est couché il y a 2 heures.

2. .... → Nous avons fini nos études il y a 4 ans.

3. Ils ne travaillent plus depuis 6 mois. → ....

4. Le train roule depuis 10 minutes. → ....

5. .... → J'ai commencé à apprendre le français il y a 3 mois.

6 **Complétez le mél avec des indicateurs temporels.**

De :	lise12@hotmail.com	⬍
À :	👤 che@yahoo.fr	
Cc :		
Objet :	LE concert de ma vie.	

Police ▼ | Taille ▼ | *G* *I* *S* *T*

Salut,

Bon, ça y est ! Je suis arrivée .... 2 heures. Quelle histoire !

Quand je suis descendue du train, j'ai eu un peu peur. Tout ce monde !! Puis, j'ai cherché

le métro .... 30 minutes mais sans succès. Alors, j'ai demandé à une femme

qui a été très sympa et m'a indiqué le chemin jusqu'au métro.

.... le trajet, j'ai bien fait attention à mon sac. Tu vois, je t'écoute parfois.

J'ai trouvé l'appartement de Michel assez facilement. Il travaille .... la journée

mais, heureusement, j'ai le code de la porte d'entrée. ...., je l'attends.

Il m'a téléphoné .... 10 minutes pour me dire de faire comme chez moi.

Ce soir, c'est Le soir ! J'attends ce moment .... des années.

Je vais enfin pouvoir voir Vanessa Paradis ! Grosses bises.

Lise

1 📖 ▶ Livre de l'élève p. 98 **Relisez le document A et cochez la bonne réponse.**

1. C'est l'anniversaire de :
☐ Dominique.
☐ Marc.
☐ Julien.

2. Éva organise une surprise :
☐ dans un restaurant grec.
☐ chez elle.
☐ dans la forêt de Rambouillet.

3. Pour le dessert, ils vont manger :
☐ une salade de fruits.
☐ une mousse au chocolat.
☐ un gâteau au chocolat.

4. Ils ont rendez-vous :
☐ samedi matin.
☐ samedi midi.
☐ samedi soir.

5. Éva a invité :
☐ Marc et son amie.
☐ Marc et sa sœur.
☐ Marc et son frère.

6. Julien va venir :
☐ en bus.
☐ en voiture.
☐ en train.

2 **C'est l'anniversaire de Théo. Il laisse à sa mère la liste des choses qu'elle doit acheter. Mais il ne sait pas bien écrire, il préfère dessiner. Écrivez cette liste.**

> Maman, s'il te plaît, achète :
>
> 🥖 → du pain
> 🍫 → ....
> 🥛 → ....
> 📦 → ....
>
> 🍐 → ....
> 🖼 → ....
> 🍬 → ....
> 🍾 → ....
> 🫙 → ....
>
> Merci, bisous ! Théo

3 📖 ▶ Livre de l'élève p. 99 **Réécoutez le document B et dites si c'est vrai, faux ou si cela n'est pas dit (?).**

	Vrai	Faux	?
1. Il est midi.	☐	☐	☐
2. Deux amis ont réservé une table dans une crêperie.	☐	☐	☐
3. Ils ont la table numéro 2.	☐	☐	☐
4. Dans ce restaurant, il est interdit de fumer.	☐	☐	☐
5. L'homme prend le plat du jour.	☐	☐	☐
6. Ils commandent de l'eau gazeuse.	☐	☐	☐
7. Ils ne prennent pas de dessert.	☐	☐	☐
8. Ils demandent deux cafés.	☐	☐	☐
9. La femme paie par carte bancaire.	☐	☐	☐

4 **Dites qui parle : le client ou le serveur ? Puis indiquez l'ordre des répliques.**

a. .... : Dumont. ....

b. .... : Oui, très bien. ....

c. .... : Quel est votre nom ? ....

d. .... : Dumont, Dumont... Vous avez réservé

pour quelle heure ? ....

e. .... : Ah oui, Dumont : 2 personnes, 20 heures. Votre table

est là-bas, près de la fenêtre. Ça vous va ? ....

f. *Le serveur*............................ : Asseyez-vous, je vous apporte la carte. .....*9*....

g. *Le serveur*............................ : Bonsoir messieurs-dames, vous avez réservé ? .....*1*....

h. .... : Pour 20 heures. ....

i. .... : Oui, j'ai téléphoné ce matin. ....

5 **Associez les questions et les réponses.**

1. Vous êtes combien ?
2. Cette table vous va ?
3. Vous avez choisi ?
4. Qu'est-ce que vous souhaitez boire ?
5. Des cafés ?

a. Non, pas encore.
b. Trois.
c. Non, merci.
d. Oui, c'est très bien.
e. Une bouteille d'eau minérale, s'il vous plaît.

6 **Quatre amis dînent au restaurant. Lisez les informations suivantes, puis complétez la grille ci-dessous.**

1. Justine déteste la viande. Elle ne paie pas 9 €.
2. Nathan ne paie pas 15 € et il ne boit pas d'eau minérale.
3. Lucas mange des pâtes et boit un jus d'orange.
4. Claire paie 10 €. Elle prend une salade, elle ne commande pas de soda.
5. Nathan n'aime pas le poisson. Il ne paie pas 9 €.
6. Justine prend de l'eau pétillante. Elle ne paie pas 12 €.

	mange	boit	paie
Claire			
Lucas			
Justine			
Nathan			

7 **Imaginez les habitudes alimentaires de ces 3 personnes : qu'est-ce qu'ils peuvent manger / boire ? Qu'est-ce qu'ils ne peuvent pas manger / boire ? Quand prennent-ils leurs repas ?**

1. Un mannequin ....

....

2. Un sportif ....

....

3. Un végétarien ....

....

GRAMMAIRE

L'expression de la quantité

1 **Entourez la bonne proposition.**

1. Pour faire une salade grecque, il faut *de la / des* tomates, *de l' / du* fromage, *de la / de l'*huile d'olive.

2. Peux-tu acheter *du / de la* lait, *de l' / de la* farine et *de l' / des* œufs ?

3. Je vais prendre *des / du* pâtes, *de la / du* jus d'orange et *de la / de l'* eau.

4. Elle a acheté *de la / du* beurre, *des / de la* légumes et *de la / du* viande.

2 **Complétez le texte suivant avec des articles partitifs ou définis.**

Le matin, au petit déjeuner, je prends .... café, ... pain, ... beurre

et .... confiture. J'adore .... confiture. Ma femme, elle, boit .... thé,

elle n'aime pas .... café. Nos enfants prennent .... lait et .... céréales.

Ils ne mangent jamais .... œufs, ils détestent .... œufs. Le dimanche, je vais

acheter .... croissants, toute la famille adore .... croissants.

3 **Écrivez les quantités nécessaires pour faire ce gâteau.**

Exemple : *Pour faire ce gâteau, il faut **du** chocolat noir.*
*Il faut 250 grammes **de** chocolat noir.*

> ### Gâteau au chocolat
>
> Chocolat noir : 250 grammes.
> Beurre : 60 grammes.
> Œufs : 6.
> Sucre : 150 grammes.
> Farine : 100 grammes.
> Levure chimique : 1/2 paquet.

....

....

....

....

....

....

....

....

....

Le pronom relatif *que*

4 **Associez.**

1. Le film
2. L'Argentin
3. L'appartement   • que •
4. Le livre   • qu' •
5. Les amis anglais
6. La voiture

a. je suis en train de lire est super.
b. vous voulez acheter est très belle.
c. elle a rencontré il y a 2 mois s'appelle Enrique.
d. nous avons vu hier soir dure 3 heures.
e. ils ont trouvé est au 4e étage sans ascenseur.
f. tu veux inviter à ton anniversaire parlent français ?

5 **Reliez les 2 phrases avec *que* ou *qu'* pour faire une seule phrase.**

1. Nous avons adoré un film. Nous avons vu ce film le week-end dernier.

....

2. Je suis en train d'écrire à un ami écossais. J'ai rencontré cet ami il y a 6 mois.

....

3. Les enfants ont mangé un gâteau au chocolat. Elle a préparé ce gâteau hier soir.

....

4. Est-ce que tu vas inviter ses amis chinois ? Il les connaît depuis 2 ans.

....

5. Vous habitez dans un grand appartement. Vous avez acheté cet appartement il y a 5 ans.

....

6 **Complétez le dialogue suivant avec *qui, que* ou *qu'*.**

– Tu veux sortir demain soir ?

– Oui, bonne idée ! On peut aller au cinéma. Il y a un film mexicain .... j'ai très envie

de voir. C'est un film .... a eu beaucoup de succès au Mexique et ....

a obtenu un prix au dernier festival de Cannes. C'est avec cet acteur .... j'adore et

.... on voit souvent dans les films d'Almodovar. J'ai oublié son nom.

– D'accord. Et après, on peut aller dîner dans ce restaurant libanais .... est rue Voltaire.

C'est un restaurant .... Pierre et Marie ont découvert la semaine dernière et ....

propose des spécialités libanaises excellentes.

7 **Complétez avec *qui, que* ou *qu'*, puis retrouvez de qui ou de quoi on parle.**

1. C'est une personne .... apporte la carte aux clients dans un restaurant.

C'est ....

2. C'est une personne .... ne mange jamais de viande.

C'est ....

3. C'est un objet .... on porte quand on voit mal.

Ce sont ....

4. C'est un objet .... on ne doit pas oublier quand on part en voyage à l'étranger.

C'est ....

5. C'est une personne .... boit du lait et .... ne parle pas encore.

C'est ....

Vocabulaire

1 **Lisez ce document puis répondez aux questions.**

1. De quelle date à quelle date le musée est-il fermé ?

....

2. En hiver, de quelle heure à quelle heure peut-on visiter le musée ?

....

3. En été, quand est-il possible de visiter le musée ?

....

4. Quel jour est-il fermé en hiver ?

....

5. Depuis quand le musée existe-t-il ?

....

6. Quand a-t-on ouvert la salle Yann Arthus-Bertrand ?

....

> Musée de la photographie
> (fondé par Fernand Lordo en 1960)
> 45 rue de la République
> 04 72 85 26 90
>
> **Musée présentant l'évolution**
> **de la technique photographique**
> **de ses débuts à nos jours**
>
> *Nouvelle salle « Yann Arthus-Bertrand »*
> *ouverte début mars*
>
> *Avril-octobre : Tlj 10 h-18 h*
>
> *Novembre-mars : Tlj 14 h-17 h 30 sf le lundi*
>
> *Fermeture : 20/11 – 06/01*
>
> *Groupes sur RDO*
> *Ent. 8 € TR 4 €*

2 **Transformez les phrases en utilisant *de... à...* .**

Exemple : Cet été, après les examens, nous allons travailler pendant 2 mois au bord de la mer.
　　　　　 ***De** juillet **à** août, après les examens, nous allons travailler au bord de la mer.*

1. Richard a dormi pendant tout le film.

....

2. Elle se lève tôt pour aller au bureau et travaille sans faire de pause. Elle rentre à 21 heures.

....

3. La piscine va fermer le 1ᵉʳ octobre et rouvrir le 17 octobre.

....

4. La bibliothèque universitaire est ouverte toute la semaine, sauf le week-end.

....

5. La boulangerie ouvre à 8 heures et ferme à 18 heures 30.

....

3 **Entourez la bonne proposition.**

1. Nous partons en vacances *du / de* 7 *au / à* 14 août.

2. *De / Pendant* février à juin, Jeanne a étudié en Pologne.

3. Hervé travaille dans cette agence immobilière *depuis / il y a* huit mois.

4. Zazie a chanté *pendant / de* deux heures : un concert génial !

5. Diane ne m'a pas téléphoné, pourtant elle est rentrée du spectacle *pendant / il y a* trois heures !

6. L'actrice va rester en Espagne *pendant / depuis* huit jours.

4 Complétez les titres ou les critiques trouvés dans la presse avec les mots suivants.
un festival – une exposition – un tournoi – un album – un salon – une pièce

1. *Du jamais vu à Lausanne : 18 nations au* .... *international de beach volley !*

2. *La Joconde barbue : une* .... *explosive !*

3. **Mary Higgins Clark au** .... **du livre.**

4. SHAKESPEARE MÊME PAS PEUR ! UNIQUE AU MONDE : 3 COMÉDIENS, 38 .... EN 96 MINUTES.

5. *Le* .... *de Cannes en direct sur Second Life.*

6. **Aketo et 95 Couz : On ne présente plus Aketo qui en 3** .... **a vendu 1 million de CD.**

5 Trouvez l'intrus.

1. raisin / fraises / œufs / cerises
2. vin / eau / thé / sucre
3. céréales / carottes / pommes de terre / haricots
4. camembert / sel / brie / gruyère

6 Corrigez les erreurs. *(Plusieurs réponses sont possibles.)*

Exemple : Une assiette de dentifrice → *Un tube de dentifrice*

1. Un litre de bonbons → ....
2. Un tube de pâtes → ....
3. Un kilo de lait → ....
4. Une boîte d'huile → ....
5. Un pot de médicaments → ....
6. Un paquet de fromage → ....
7. Une bouteille de beurre → ....
8. Un verre de confiture → ....

7 Réécrivez cette liste de courses.

FUOSE	ŒUFS	LUEHI	H.............................
MESMOP	P.............................	TILA	L.............................
BJANOM	J.............................	GRAMOEF	F.............................

Phonie-graphie

8 Le son [i].
Complétez les phrases suivantes avec *i, î, y, ie, is, ies, il, it, ix* ou *iz*.

1. – Regarde, maman, j'ai f....n.... mon dessin ! – C'est très jol...., ma chér.... !

2. Son pet.... am.... est très gent.... .

3. Samed...., nous avons d....né dans une brasser.... . Nous avons pr.... des sush...., du r.... et

   bu un excellent wh....sk.... à un très bon pr.... .

4. – Elles sont sort.... d....manche ? – Non, elles sont restées à la maison, elles ont écr.... des méls

   à leurs am.... canadiennes.

1 📖 ▶ Livre de l'élève p. 104 **Réécoutez le document A puis cochez la bonne réponse.**

1. La femme téléphone à :
☐ une amie.
☐ sa sœur.
☐ sa mère.

2. Elle est :
☐ en week-end.
☐ au travail.
☐ en vacances.

3. Elle est avec :
☐ ses enfants.
☐ des amis.
☐ des collègues.

4. Ils sont :
☐ dans un hôtel.
☐ dans un camping.
☐ dans un gîte.

5. Elle veut acheter :
☐ des bandes dessinées.
☐ des pâtisseries.
☐ un appareil-photo.

2 **Associez.**

1. Le chocolat.
2. Une exposition.
3. Une chambre.
4. L'accrobranche.
5. Un mauvais film.

a. C'est ennuyeux.
b. C'est délicieux.
c. C'est impressionnant.
d. C'est intéressant.
e. C'est confortable.

3 📖 ▶ Livre de l'élève p. 105 **Relisez le document B puis retrouvez et soulignez les 5 erreurs dans le mél de Paloma.**

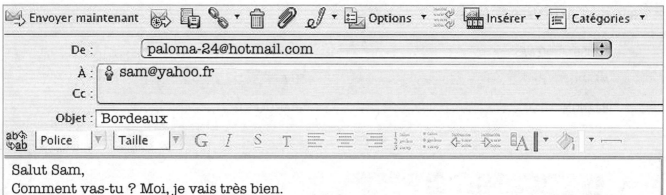

De :	paloma-24@hotmail.com
À :	👤 sam@yahoo.fr
Cc :	
Objet :	Bordeaux

Salut Sam,
Comment vas-tu ? Moi, je vais très bien.
Tu le sais, j'habite à Bordeaux depuis un mois.
C'est une très belle ville qui est située dans le département de la Gironde, à 16 kilomètres de l'océan Atlantique.
La place Royale est magnifique, le pont de Pierre aussi, il date du XVIIIe siècle.
La Garonne traverse la ville et tous les ans en juillet, c'est la fête du fleuve.
Et puis, à 14 kilomètres de Bordeaux, il y a un château superbe : le château de Roquetaillade.
On peut le visiter tous les jours d'octobre à mars, alors si tu viens à Noël, on peut y aller ensemble. Tu vas adorer !
Viens vite me voir !
Je t'embrasse,
Paloma.

4 **Choisissez un élément de chaque groupe pour faire une phrase. Puis retrouvez de quelle ville il s'agit.**

C'	est	dans le département	de 820 900 habitants
Elle	est située	le 1er	Provence-Alpes-Côte-d'Azur
Ce département	est	une ville	des Bouches-du-Rhône
Son port	se trouve	dans la région	de France

1. ....

2. ....

3. ....

4. ....

Il s'agit de ....

5 **Présentez Strasbourg à l'aide des informations données.**

Ville	Strasbourg
Département	Bas-Rhin
Région	Alsace
Situation	Au centre de l'Europe
Nombre d'habitants	257 000
À voir	La vieille ville, la cathédrale

Strasbourg est une ville française qui ....

....

....

....

....

6 **Vous venez de vous installer dans une nouvelle ville. Vous écrivez une lettre à un(e) ami(e). Dans votre lettre vous présentez la ville, ses habitants et vous donnez vos impressions sur votre nouvelle vie.**

....

....

....

....

....

....

GRAMMAIRE

L'imparfait

1 **Quel temps faisait-il hier ?**

Paris 30°   ***Exemple :*** *Hier, à Paris, il y avait de l'orage, il faisait chaud, il faisait 30°.*

Athènes	Lisbonne	Moscou	Prague	Rome	Londres
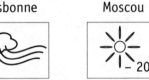		– 20°		38°	

1. ....

2. ....

3. ....

4. ....

5. ....

6. ....

Le pronom y

2 **Retrouvez les lieux définis ci-dessous.** *(Plusieurs réponses sont possibles.)*

  1. On y va souvent en été, on y fait de la natation. → ....

  2. On y est assis dans le noir, on y mange du pop-corn. → ....

  3. On y va quand on est malade. → ....

  4. On y attend le train. → ....

  5. On y emprunte des livres. → ....

  6. On y prend des douches. → ....

  7. On y voit beaucoup de tableaux. → ....

  8. On y achète des timbres. → ....

3 **Réécrivez le texte en remplaçant les mots soulignés par *y*.**

  – Tu es déjà allée aux États-Unis ?
  – Oui, je suis déjà allée <u>aux États-Unis</u>, je suis allée à New York.
  – Et tu es restée longtemps <u>à New York</u> ?
  – Je suis restée deux semaines <u>à New York</u>. J'étais chez un ami français qui habite <u>à New York</u> depuis
    10 ans. Il travaille dans un grand restaurant près de Central Park. J'ai dîné plusieurs fois <u>dans ce</u>
    <u>restaurant</u>, c'était super ! Mais pourquoi ces questions ? Tu veux aller à New York, toi aussi ?
  – Oui, Philippe et moi voulons aller <u>à New York</u> en juin.
  – Et les enfants ? Ils ne vont pas <u>à New York</u> avec vous ?

– Non, ils vont en Bretagne, chez leurs grands-parents. Ils adorent passer leurs vacances <u>chez eux</u>.
Ils peuvent faire de la natation et manger beaucoup de crêpes <u>en Bretagne</u>. Et puis ils ont beaucoup
d'amis <u>en Bretagne</u>. C'est super pour eux !

– Pour vous aussi ! Bonnes vacances !

– *Tu es déjà allée aux États-Unis ?*

....

....

4 **Regardez l'agenda de Marine et répondez aux questions en utilisant le pronom y.**

1. Marine est allée au cinéma cette semaine ?

....

....

2. Elle a dîné au restaurant mardi ?

....

....

3. Quand est-elle allée chez le coiffeur ?

....

....

lundi	OCTOBRE	jeudi
9 h : Dentiste		11 h : Coiffeur
		vendredi
mardi		20 h : Cinéma
12 h : Restaurant		samedi
		20 h : Dîner chez Simon et Tara
mercredi		dimanche
18 h : Cinéma		14 h : Piscine

4. Elle n'est pas allée à la piscine cette semaine ? ....

5. Elle est allée chez le dentiste mercredi ? ....

6. Quel jour est-ce qu'elle a dîné chez Simon et Tara ? ....

Le passé récent

5 **Répondez aux questions suivantes en utilisant le passé récent.**

Exemple : Tu as faim ? → *Non, je viens de manger.*

1. Tu veux boire quelque chose ? → *Non, je* ....

2. Vous habitez à Marseille ? → *Non, nous* ....

3. Ils sont célibataires ? → *Non, ils* ....

4. Vous êtes propriétaires de votre appartement ? → *Oui, nous* ....

5. Ils n'ont pas d'enfants ? → *Si, ils* ....

6. Elle a toujours les cheveux longs ? → *Non, elle* ....

7. Ils sont toujours en vacances ? → *Non, ils* ....

8. Il a 24 ans ? → *Non, il* ....

1 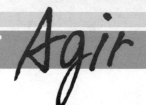 ▶ Livre de l'élève p. 108   **Réécoutez le document A puis associez les répliques au bon dialogue. Attention, ces répliques ne sont pas dans les dialogues.**

	Dialogue 1	Dialogue 2	Dialogue 3
1. « Bonjour, je vous téléphone pour avoir quelques informations. »	☐	☐	☐
2. « Tu es superbe, quelle élégance ! »	☐	☐	☐
3. « Qu'est-ce qui se passe ? Tout ce monde ! »	☐	☐	☐
4. « La semaine prochaine, ça te convient ?	☐	☐	☐
5. « Moi, je vais prendre un café, s'il vous plaît. »	☐	☐	☐
6. « Incroyable !! Lui, ici ? »	☐	☐	☐
7. « Alors, qu'est-ce que tu as fait depuis tout ce temps ? »	☐	☐	☐

2 **Remettez le récit suivant dans l'ordre.**

a. Le lendemain, la police a fait une enquête, mais rien, pas de chien. ......

b. Je suis tout de suite parti, mais sans Pozor. Il avait disparu. ......

c. Un mois plus tard, je ne sais toujours pas ce qui s'est passé ! ......

d. C'est seulement la semaine suivante que Pozor est revenu, un os vert entre les dents. ......

e. Je promenais mon chien Pozor, quand tout à coup, j'ai vu une soucoupe volante arriver. ......

f. Ce soir-là, un événement incroyable a eu lieu. ...1..

g. Ce jour-là, j'étais très heureux de le revoir. ......

3 **Regardez ces images et racontez la rencontre.**

....

....

....

....

....

....

....

....

4 📖 ▶ Livre de l'élève p. 109 **Relisez le document B et associez chaque réaction au jour correspondant.**

	12 octobre	13 octobre	14 octobre (journée)	14 octobre (soirée)
1. déception	☐	☐	☐	☐
2. impatience	☐	☐	☐	☐
3. colère	☐	☐	☐	☐
4. soulagement	☐	☐	☐	☐
5. inquiétude	☐	☐	☐	☐
6. ennui	☐	☐	☐	☐
7. satisfaction	☐	☐	☐	☐

5 **Complétez le texte suivant en imaginant les sentiments et réactions.** *(C'est une fille qui parle.)*

Ouf !!! Les résultats viennent d'arriver, j'ai mon bac ! Je suis super . . . . Ma mère va

être . . . . de moi, je suis sûre qu'elle va téléphoner à toutes ses amies pour leur annoncer

la nouvelle. Par contre, pour mon cousin, je suis un peu . . . . Il a, lui aussi, passé

le bac, mais comme il n'a rien fait de toute l'année... Il m'a dit : « Le bac, ils le donnent à tout le monde. »

Je crois qu'il va être assez . . . . Sa mère va . . . . et comme d'habitude,

son père, ..., va allumer la télé. Puis, pour finir, elle va sûrement téléphoner ici.

Je ne suis vraiment pas . . . . de connaître ses résultats.

6 **Vous vouliez partir en vacances. Mais, arrivé(e) à l'aéroport, une grève des pilotes de ligne commence. Écrivez un mél à un ami pour raconter votre séjour à l'aéroport.**

📧 Envoyer maintenant 📨 🗐 🔗 ▾ 🗑 📎 🖋 ▾ 📧 Options ▾ 🔁 🎞 Insérer ▾ 🗒 Catégories ▾

De :	. . . . ⬍
À : 👤	. . . .
Cc :	. . . .
Objet :	

🔤 | Police ▾ | Taille ▾ | G I S T ☰ ☰ ☰ ☷ ⇤ ⇥ 🅰 ▾ 🖌 ▾ —

. . . .

. . . .

. . . .

. . . .

. . . .

. . . .

. . . .

. . . .

. . . .

GRAMMAIRE

Le passé composé des verbes pronominaux

1 **Choisissez un élément de chaque groupe pour faire une phrase. Puis transformez ces phrases en phrases négatives.** *(Plusieurs réponses sont possibles.)*

Ils	se	sont	arrêté	en 2007
Elle	me	est	mariés	pour arriver à l'heure
Je	se	suis	calmée	au feu rouge
Elles	s'	sont	dépêchés	pendant des heures
Nous	nous	sommes	parlé	il y a une heure

1. ....

....

2. ....

....

3. ....

....

4. ....

....

5. ....

....

2 **Complétez les titres de presse avec les verbes pronominaux suivants conjugués.**

se séparer – se déshabiller – se marier – se réveiller – se reconnaître

1. Tony Parker et Eva Longoria .... hier à la cathédrale Notre-Dame.

2. Pluies violentes sur Caen. Les habitants .... les pieds dans l'eau.

3. 600 personnes .... en plein centre-ville sous l'objectif du photographe Berthus.

4. Suites de la chute du Mur : Georg et Isabel .... immédiatement après une séparation de 30 ans.

5. 2 mois après les élections : ils ....

Le pronom relatif *où*

3 **Mettez dans l'ordre.**

1. rencontré / où / C'est / je / café / le / ai / l'

C'est ....

2. sommes / seulement / 10 / Nous / où / dans / mariés / un / y / village / nous / il / avait / maisons

Nous ....

3. vécu / Nous / l' / 20 / avons / où / acheté / appartement / nous / avons / ans

Nous ....

4. sont / Les / partis / une / où / il / dans / une / y / ville / bonne / enfants / université / a

Les ....

5. café / où / Nous / racheté / sommes / nous / rencontrés / avons / le / nous

Nous ....

4 **Reliez les 2 phrases avec *où* pour faire une seule phrase.**

Exemple : Le festival a lieu dans deux cinémas du centre. Les cinémas sont anciens.
→ *Les cinémas **où** le festival a lieu sont anciens.*

1. J'ai grandi dans une maison. Elle va être vendue.

....

2. Vous étudiez à l'université Paul Sabatier. L'université Paul Sabatier est toute neuve.

....

3. L'explosion a eu lieu dans la rue Alsace-Lorraine. La rue est fermée.

....

4. Paul va nager à la piscine. La piscine est ouverte jusqu'à 22 heures.

....

5. Nous avons rendez-vous dans un restaurant. Le restaurant n'est pas cher.

....

5 **Associez.**

1. J'ai un jardin		**a.** tout le monde connaît.
2. C'est un endroit	• qui •	**b.** elle va souvent après les cours.
3. Elle m'a parlé d'une boisson	• que •	**c.** il y a beaucoup de roses.
4. C'est une ville	• qu' •	**d.** je t'ai dit et tu l'attends.
5. Elle m'a parlé d'un café	• où •	**e.** on boit seulement au Pérou.
6. Tu vas là		**f.** me plaît beaucoup.

Vocabulaire

1 **Quel temps fait-il ?** *(Plusieurs réponses sont possibles.)*

1. « N'oublie pas ton parapluie ! » → ....

2. « Regarde, maman ! C'est tout blanc ! » → ....

3. « Attention ! Tu vas tomber ! » → ....

4. « Qu'est-ce que tu veux ? Un thé ? Un café ? » « Un citron chaud, s'il te plaît !!! »

→ ....

5. « Je peux aller jouer dans le jardin ? » « Oui, mais mets un pull sinon tu vas être malade ! »

→ ....

2 **Enzo et Lucia commentent les photos de leurs vacances à Paris. Complétez leurs phrases avec les expressions de localisation correctes.**

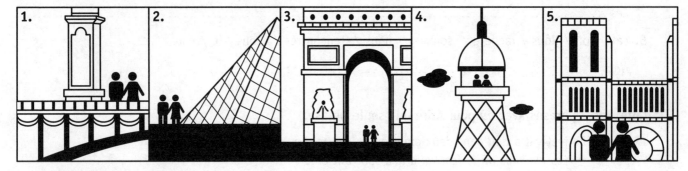

1. « Là, nous sommes .... le pont Alexandre III. »

2. « Là, nous sommes .... la pyramide du Louvre. »

3. « Là, nous sommes .... l'Arc de triomphe. »

4. « Là, nous sommes .... la tour Eiffel. »

5. « Là, nous sommes .... la cathédrale Notre-Dame de Paris. »

3 **Retrouvez 4 adjectifs utilisés pour exprimer l'appréciation.**

Exemple : MACHRANT → *CHARMANT*

1. FLIDIEFIC → ....   **3.** BAGLEARE → ....

2. RIENSTANEST → ....   **4.** NUXEYUNE → ....

4 **Associez.**

1. la fierté
2. le soulagement
3. l'énervement
4. l'inquiétude
5. la déception

a. Dommage !
b. Ouf !
c. Grrrrrrr !! J'en ai marre*.
d. C'est moi qui ai fait ça !
e. Tant pis, c'est la vie !
f. Ça y est, j'ai enfin réussi !
g. Oui, c'est vrai, mais ils ne sont toujours pas rentrés.

* familier

5 **Transformez les phrases comme dans l'exemple.**

Exemple : Je pars parce que c'est fini. *C'est fini donc je pars.*

1. Je dois déménager parce que mon appartement est devenu trop petit.

....

2. Vous allez devoir recommencer parce que vous avez raté votre examen.

....

3. Elle va venir me chercher parce que je ne sais pas où ils habitent.

....

4. J'espère qu'il va me rappeler parce que je n'ai plus de crédit.

....

5. Nous sommes très inquiets parce qu'ils ne sont toujours pas arrivés.

....

6 **Complétez les phrases avec une conséquence. Utilisez *donc* ou *alors*.**

1. Je n'ai toujours pas de ses nouvelles ....

2. Pendant des années, nous n'avons pas pu nous voir ....

3. Je viens juste de me lever ....

4. On y va tout de suite ....

5. C'est à moi de payer ....

Phonie-graphie

7 **Complétez les phrases suivantes avec *quel, quels, quelle, quelles* ou *qu'elle*.**

Mariage annulé.

.... horreur cette journée ! Tous les invités sont venus pour le mariage, mais Hannah, la mariée, a annulé. Je pense .... a eu peur. Je ne sais pas .... raison elle va donner à Vito ! En tout cas, tout le monde est surpris. Ils se connaissent depuis des années. Ils ont tout organisé et ont longtemps discuté pour savoir .... personnes inviter, ... vins choisir, ... musique jouer et .... photographe prendre. .... gâchis !

Je peux proposer, accepter ou refuser une sortie

... / 4 (Comptez 1 point par bonne réponse.)

1 Complétez le mini-dialogue.

– .... (proposer)

– Avec plaisir, j'ai super faim.

– Et après, un cinéma, ... ? (proposer)

– .... (refuser)

– Et samedi, ça te va ?

– .... (accepter)

Je peux utiliser les indicateurs temporels

... / 6 (Comptez 1 point par bonne réponse.)

2 Entourez la bonne proposition.

1. Je suis resté au Mexique *pendant / de* 6 mois.
2. Nous avons parlé *pendant / depuis* des heures.
3. Elle est mariée *il y a / depuis* longtemps.
4. Ils travaillent *de / du* juillet *à / au* septembre.
5. *En / Depuis* 2007, il a sorti son premier album.

Je peux utiliser le bon pronom relatif

... / 4 (Comptez 1 point par bonne réponse.)

3 Associez les éléments pour obtenir 4 énoncés corrects.

1. Sylvie est une fille   • que •   **a.** on aimerait beaucoup visiter.
2. J'aime beaucoup la ville   • où •   **b.** est super sympa.
3. C'est un pays   • qu' •   **c.** nous venons de visiter.
4. Il va louer l'appartement   • qui •   **d.** nous avons vécu pendant 5 ans.

Je peux commander au restaurant

... / 5 (Comptez 1 point par association correcte.)

4 Associez les questions et les réponses.

1. Vous avez choisi ?   **a.** Si, une mousse au chocolat, s'il vous plaît.
2. Qu'est-ce que vous souhaitez boire ?   **b.** Non, merci. L'addition, s'il vous plaît.
3. Pas de dessert ?   **c.** Oui, 2, avec du lait.
4. Des cafés ?   **d.** De l'eau plate.
5. Vous désirez autre chose ?   **e.** Non, pas encore.

Je peux éviter des répétitions avec le pronom *y*

... / 4 (Comptez 1 point par phrase correcte.)

5 **Répondez au questions suivantes en utilisant le pronom *y*.**

1. Tu as rendez-vous dans ce café ?

Oui, ...

2. Elle est allée chez le dentiste la semaine dernière ?

Non, ...

3. Ils se promènent souvent dans ce parc ?

Oui, ...

4. Vous allez aller au cinéma la semaine prochaine ?

Non, ...

Je peux utiliser les articles

... / 6 (Comptez 0,5 point par article correct.)

6 **Complétez le texte suivant avec les articles corrects.**

– Achète ...... beurre, ... farine, ... œufs, 500 grammes ...... sucre, ... fraises,

...... chocolat, ... yaourts et 6 bouteilles ...... eau.

– Pas ...... lait ?

– Si, une bouteille ...... lait et aussi ...... céréales et un kilo ...... oranges.

Je peux parler d'une ville

... / 5 (Comptez 1 point par association correcte.)

7 **Associez.**

1. C'est une ville de	**a.** sud-est de la France.
2. Elle est située à	**b.** beaucoup de monuments intéressants.
3. Elle se trouve au	**c.** 120 000 habitants.
4. On peut y visiter	**d.** 30 km de la Méditerranée.
5. On peut y faire	**e.** des randonnées, des sports nautiques.

Je peux indiquer la chronologie

... / 6 (Comptez 1 point par verbe correct.)

8 **Dites dans quel ordre ils ont fait les actions suivantes.**

Exemple : elle : se laver / se maquiller / se lever

D'abord, elle s'est levée, puis elle s'est lavée. Elle vient de se maquiller.

1. ils : se marier / se rencontrer / se séparer

2. je : se raser / partir au travail / s'habiller

⊃ **Résultats : ... points sur 40**

1 📖 ▶ Livre de l'élève p. 120 **Relisez le document A, puis retrouvez les 6 erreurs dans le dialogue ci-dessous.**

– Regarde cet article ! C'est sur mon amie Clara.
– Clara ? Qui est-ce ?
– Elle est chef d'entreprise. Elle vient d'ouvrir une boutique de mode rue du Commerce.
– Ah oui ! Autre mode-Autre vie !
– Oui, c'est ça. Elle propose des marques qui respectent l'environnement. Des vêtements, des accessoires...
– Des chaussures aussi ?
– Non, non, pas de chaussures.
– Et ces vêtements sont fabriqués où ?
– Tous ces vêtements sont fabriqués en Chine.
– Et c'est cher ?
– Non, c'est très bon marché.

2 **Remettez dans l'ordre le dialogue suivant.**

a. LA JOURNALISTE : Très bien. Alors voilà : que pensez-vous de la mode éthique ? ......

b. LA JEUNE FILLE : Bonne journée ! ......

c. LA JOURNALISTE : Bonjour mademoiselle, c'est pour une enquête, vous avez cinq minutes ? ...1..

d. LA JEUNE FILLE : Malheureusement, non, je n'en achète pas beaucoup. À mon avis,

la mode éthique est encore trop chère. ......

e. LA JEUNE FILLE : La mode éthique ? C'est super ! Pour l'environnement, pour les petits

artisans. Selon moi, c'est la mode de l'avenir. ......

f. LA JOURNALISTE : Merci mademoiselle, bonne journée ! ......

g. LA JEUNE FILLE : Cinq, oui, mais pas plus, j'ai beaucoup de choses à faire aujourd'hui. ......

h. LA JOURNALISTE : Et vous achetez beaucoup de vêtements issus du commerce équitable ? ......

3 📖 ▶ Livre de l'élève p. 121 **Réécoutez le document B et dites si c'est vrai, faux ou si cela n'est pas dit (?).**

	Vrai	Faux	?
1. Juliette a acheté une jupe la semaine dernière.	☐	☐	☐
2. Marc fait du 42.	☐	☐	☐
3. Le père de Romain s'appelle Éric.	☐	☐	☐
4. L'amie de Juliette n'aime pas la jupe que Juliette veut acheter.	☐	☐	☐
5. Les tongs que Marc veut commander sont en caoutchouc de pneus recyclés.	☐	☐	☐
6. Juliette fait du 40.	☐	☐	☐
7. Les tongs sont proposées en trois couleurs.	☐	☐	☐
8. Romain cherche un cadeau pour l'anniversaire de sa mère.	☐	☐	☐
9. Le bracelet que Romain et son père veulent acheter est en ivoire végétal.	☐	☐	☐

4 **Remettez dans l'ordre le dialogue suivant.**

a. YVAN : 90 € pour une robe, c'est trop cher ! ......

b. YVAN : Quelle robe ? La rouge ? ......

c. CHARLOTTE : Oui, c'est vrai, mais cette robe est en fibres naturelles. ......

d. YVAN : Et elle coûte combien ? . . . . . .

e. CHARLOTTE : Regarde cette robe ! Elle est superbe ! . . .1. .

f. CHARLOTTE : Oui, la mode éthique, c'est cher, mais il faut être solidaire, tu le dis toujours ! . . . . . .

g. CHARLOTTE : 90 €. . . . . . .

h. YVAN : Oui, elle n'est pas mal, mais tu as déjà trois ou quatre robes noires. . . . . . .

i. CHARLOTTE : Non, la noire. . . . . . .

5 **Est-ce que c'est logique ? Cochez la bonne réponse.**

	Logique	Pas logique
1. – Mets ton manteau et va te coucher !	☐	☐
2. Elle va à l'opéra, elle porte une robe longue et des talons hauts.	☐	☐
3. – Il fait très chaud aujourd'hui. N'oublie pas tes gants et ton écharpe.	☐	☐
4. Il porte souvent une cravate au bureau.	☐	☐
5. – Je vais à la piscine, maman.		
– Tu n'as pas oublié ton pyjama ?	☐	☐
6. J'ai acheté un chemisier à pois à la boulangerie.	☐	☐

6 **Lisez le mél de Lola, puis imaginez la réponse de Caroline.**

De :	lola.keller@hotmail.com	▲▼
À :	👤 caro.vargas@yahoo.fr	
Cc :		
Objet :	stage	

abᵍ⁄ₐᵦ | Police ▼ | Taille ▼ | G *I* S T ≡ ≡ ≡ ...

Salut Caroline,

Comment vas-tu ? Moi, je suis très stressée ! Demain je commence un stage en entreprise et je ne sais pas du tout comment m'habiller. Toi, tu es toujours chic, peux-tu me donner des conseils : qu'est-ce que je peux ou ne peux pas porter ?
Réponds-moi vite, s'il te plaît !
Bisous.
Lola

De :	. . . .	▲▼
À :	👤	
Cc :	. . . .	
Objet :		

abᵍ⁄ₐᵦ | Police ▼ | Taille ▼ | G *I* S T ≡ ≡ ≡ ...

. . . .

. . . .

. . . .

. . . .

GRAMMAIRE

Les adverbes *trop* et *assez*

1 **Associez A, B et C.**

A	B	C
1. *Je travaille trop.*	**1.** Je n'étudie pas assez.	**1.** Je ne vais pas l'acheter.
2. Cette jupe est trop chère.	**2.** Je ne fais pas assez de sport.	**2.** *Je suis très fatiguée.*
3. Je sors trop.	**3.** *Je ne dors pas assez.*	**3.** Je ne vais pas pouvoir le finir avant lundi.
4. Je mange trop.	**4.** Je n'ai pas assez de temps.	**4.** Je dois faire un régime.
5. Ce travail est trop long.	**5.** Je n'ai pas assez d'argent.	**5.** J'ai peur de rater mes examens.

Exemple : A1/B3/C2

1. ....

2. ....

3. ....

4. ....

2 **Complétez les dialogues suivants avec *trop (de)* ou *assez (de)*.**

1. – Allô, Théo ! Je n'ai pas .... sucre pour préparer le gâteau. Tu peux en acheter après l'école, s'il te plaît ?

– Désolé, maman, mais je n'ai pas .... argent.

2. – Allez dormir les enfants !

– Il est .... tôt, papa ! Et puis, le film n'est pas fini.

– Bon, d'accord. Encore une heure.

– Chéri, tu n'es pas .... strict avec les enfants, tu es .... cool !

3. – J'ai .... choses à faire aujourd'hui ! Tu peux m'aider ?

– Désolée, mais je n'ai pas .... temps pour t'aider ! Moi aussi, j'ai .... travail !

La place des adjectifs

3 **Remettez les phrases dans l'ordre.**

1. écrivains / adore / siècle / les / du / J' / français / dix-neuvième

J'...

2. 40 / bleue / Elle / jupe / cette / acheté / en / a

Elle...

3. film / le / vu / Almodovar / Avez / dernier / vous / d' / ?

Avez..

4. brune / qui / tu / pantalon / cette / Connais / femme / porte / beige / un / jeune / ?

Connais..

4 **Complétez le texte avec les adjectifs ci-dessous. Attention à la place et à l'accord de ces adjectifs.**

suisse *(1) – beau (2) – nouveau (3) – premier (4) – petit (5) – superbe (6) – violet (7) – colombien (8)*

Mes <u>amis</u> Stéphane et Alexandra viennent d'acheter un <u>appartement</u> rue du Lac. Leurs <u>voisins</u> ont 4 enfants.
    (1)   (2)   (3)

Leur <u>fille</u> travaille dans une <u>boutique</u> de mode. Dans cette boutique, j'ai acheté une <u>écharpe</u> pour une <u>amie</u>.
    (4)   (5)   (6 et 7)   (8)

Mes amis <u>suisses</u> Stéphane et Alexandra ....

....

Le pronom *en* COD

5 **Associez les questions et les réponses.**

1. Tu as un chat ?	**a.** Non, merci, j'en ai bu un il y a une heure.
2. Tu n'as pas de sœur ?	**b.** Non, je n'en ai pas.
3. Tu veux un café ?	**c.** Oui, j'en ai un.
4. Tu as des bonbons ?	**d.** Non, je n'en bois jamais.
5. Tu prends une eau gazeuse ?	**e.** Si, j'en ai une.

6 **Répondez aux questions suivantes. Utilisez le pronom *en*.**

1. Tu bois un café au petit déjeuner ?   Oui, ...

2. Elle met du lait dans son thé ?   Non, ...

3. Tu n'as pas acheté de chaussures ?   Non, ...

4. Elle veut acheter un manteau ?   Oui, ...

5. Tu vas porter une robe ce soir ?   Non, ...

7 **Imaginez les questions.**

1. .... ? Oui, j'en fais souvent en été.

2. .... ? Non, il n'en a pas, mais il a une fille.

3. .... ? Non, je n'en achète jamais.

4. .... ? Oui, il en porte une tous les jours.

5. .... ? Si, j'en connais un dans la rue du Lac.

1 📖 ▶ Livre de l'élève p. 124 **Relisez le document A, puis cochez la case correcte.**

	La première femme	La jeune fille	Le premier homme	Le deuxième homme
1. Il/elle porte un chemisier.	☐	☐	☐	☐
2. Il/elle ressemble à un homme / une femme d'affaires.	☐	☐	☐	☐
3. Il/elle ressemble à Bob Marley.	☐	☐	☐	☐
4. Il/elle semble être doux / douce.	☐	☐	☐	☐
5. Il/elle est aussi élégant(e) qu'un mannequin.	☐	☐	☐	☐
6. Il/elle est assis(e).	☐	☐	☐	☐
7. Il/elle a l'air cool.	☐	☐	☐	☐
8. Il/elle a un look décontracté.	☐	☐	☐	☐

2 **Complétez les dialogues avec les mots suivants. Attention, il faut conjuguer les verbes.**

aussi... que	sembler	se ressembler	avoir l'air	ressembler à	plus

1. – Des jumeaux ?! Oh là là, ça ne doit pas être facile pour les parents. Et ils .... ?

– Non, pas du tout. C'est une fille et un garçon. Lui, il .... sa mère, il est brun

aux yeux bleus, et sa sœur est .... blonde .... son père.

2. – Qu'est-ce qui se passe ? Tu .... triste.

– Non, rien. Je sors juste de la piscine, c'est tout.

3. – Et, cette robe, elle coûte aussi 30 € ?

– Non, c'est différent. Elle est un peu .... chère.

4. – La mer .... calme, mais attention, c'est dangereux de sortir en bateau en cette saison.

– Ok, je reste au port.

3 📖 ▶ Livre de l'élève p. 125 **Réécoutez le document C, puis dites si c'est vrai, faux ou si cela n'est pas dit (?).**

	Vrai	Faux	?
1. La jeune fille et le garçon sont frère et sœur.	☐	☐	☐
2. Elle aide le garçon à trouver une chemise des années 1960.	☐	☐	☐
3. Elle ne peut pas acheter un vêtement cher.	☐	☐	☐
4. Le chemisier plaît au garçon.	☐	☐	☐
5. Elle ne sait pas où est la cabine d'essayage.	☐	☐	☐
6. Le magasin a plusieurs cabines d'essayage.	☐	☐	☐
7. Un vendeur vient de vendre sa veste.	☐	☐	☐
8. Elle a fait une bonne affaire. Elle est contente.	☐	☐	☐

4 **Dites qui parle : la cliente ou la vendeuse ? Puis indiquez l'ordre des répliques.**

a. .... : Si, bien sûr ! Nous l'avons aussi en noir. Ça vous convient ? ......

b. ...*La vendeuse*... : Bonjour, je peux vous aider ? ...*1*..

c. .... : Oui, mais vous ne l'avez pas d'une autre couleur ? ......

d. .... : Oui, je cherche une robe. ......

e. ...*La vendeuse*... : Oui, tenez ! ...*9*..

f. .... : Quel type de robe ? ......

g. .... : Vous voulez l'essayer ? ......

h. .... : Très bien. Avez-vous cette robe en 38 ? ......

i. .... : Plutôt classique. Un peu comme cette robe là-bas. ......

5 **Associez les questions aux réponses correspondantes.**

1. Je peux vous aider ?

2. Avez-vous ce pantalon en 42 ?

3. Ce pull me va-t-il ?

4. Quand vont-ils aller au P'tit Loup ?

5. Tu es encore au P'tit Loup ?

a. Oui, il vous va très bien.

b. Oui, ce magasin me plaît énormément.

c. Non, je regarde seulement.

d. Ils vont y aller demain pour le premier jour des soldes.

e. Oui, je vais vous le chercher.

6 **Dites ce que vous aimeriez acheter comme vêtements (types, couleurs...) au marché aux Puces.**

....

....

....

....

....

....

....

....

....

....

....

Les comparatifs

1 **Complétez en utilisant les mots donnés au comparatif d'égalité (=), de supériorité (+) ou d'infériorité (–). N'oubliez pas d'accorder l'adjectif.**

| vite | bien | rapide | bien | long | beau | riche | bien | souvent |

1. Il s'habille .... avant. (+)

2. Cette chemise à pois est .... celle à fleurs. (–)

3. Ils ne sont pas .... ils paraissent. (=)

4. J'aime .... ce collier que l'autre. (+)

5. Sandra va .... toi pour choisir un vêtement. (+)

6. Vous ne voulez pas une jupe .... ça ? Elle est un peu courte, non ? (+)

7. Ça y est ! J'ai fini. Tu es .... moi. (–)

8. Écris-moi, ... tu peux. (=)

9. Fatima est .... Hugo en anglais. Elle l'aide souvent pour réviser avant les examens. (+)

2 **Testez vos connaissances ! À l'aide des éléments donnés, complétez le questionnaire en utilisant des comparatifs. Vérifiez vos réponses.**

1. Le mont Blanc / le Kilimandjaro / haut

....

2. Le chinois / l'anglais / parlé

....

3. La ville de Paris / la ville de Shanghai / peuplée

....

4. Un éléphant d'Afrique / un dauphin / peut vivre / longtemps

....

5. Une antilope / un puma / peut sauter / haut

....

6. Un élan / un ours polaire / peut être / lourd

....

7. Une baleine bleue / une baleine grise / peut être / longue

....

3 Regardez les informations dans le tableau et complétez les phrases qui comparent les jumeaux.

	Élouan	Quentin
Date de naissance	22 août	22 août
1. Heure de naissance	6 h 30	6 h 40
2. Poids à la naissance	3 kg	2 kg 700
3. Cheveux	blonds	blonds
4. Ressemblances	mère	père
5. Taille actuelle	1,75 m	1,73 m
6. Mathématiques	11/20	14/20
7. Anglais	15/20	15/20

a. Élouan est né .... (tôt).

b. À la naissance, Quentin n'était pas .... (gros).

c. Élouan était .... (blond).

d. Quentin ressemble .... (père).

e. ....

f. .... en mathématiques.

g. ....

Les pronoms personnels COI

4 **Imaginez les questions.**

Exemple : *Le rouge va bien à Sarah et Annie ?* Oui, ça leur va bien.

1. .... ? Non, il ne me plaît pas du tout.

2. .... ? Demain. Dès demain, je vais lui parler de votre problème.

3. .... ? Oui, ils me manquent beaucoup. Je pense à eux tous les jours.

4. .... ? Si, je lui parle encore. Je la vois tous les jours au lycée.

5. .... ? Je lui ai prêté une robe.

5 **Répondez aux questions.**

1. Vous nous avez répondu ? Non, ...

2. Elle va plaire à Marguerite ? Oui, ...

3. Vous avez vendu vos livres à Valérie ? Non, ...

4. Je ne peux pas te parler maintenant ? Si, ...

5. Elle ressemble à ses frères ? Oui, ...

6. Tu vas demander de l'aide à tes amis ? Oui, ...

Vocabulaire

1 Retrouvez dans la grille 8 vêtements ou accessoires.
Attention, les mots peuvent se trouver dans tous les sens.

E	C	H	A	R	P	E
U	L	C	B	O	N	N
B	A	O	L	B	I	A
W	U	E	J	E	A	N
T	S	E	T	T	O	B
P	Y	G	E	N	O	R
J	U	P	E	T	A	S
E	K	L	T	N	A	M
R	E	I	L	L	O	C

1. une ....

2. un ....

3. des ....

4. une ....

5. une ....

6. un ....

7. un ....

8. un ....

2 Classez les adverbes et les adjectifs dans le tableau. Pour les adjectifs, trouvez leur féminin.

~~long~~ – *meilleur – rapide – bien – mauvais – mieux – vite – cher – poli – bon – poliment – longtemps – mal*

Adjectif		Adverbe
Masculin	**Féminin**	
long	*longue*	....
....	....	....
....	....	....
....	....	....
....	....	....
....	....	....
....	....	....

3 Le conditionnel de politesse. Qu'est-ce que vous dites dans ces situations ?

1. Demandez poliment à votre ami de vous aider à faire cet exercice.

....

2. Demandez poliment à vos frères d'aller jouer dans leur chambre.

....

3. Demandez poliment à un vendeur des chaussures en taille 40.

....

4. Demandez poliment une baguette à la boulangère.

....

4 Complétez la grille avec les mots définis ci-dessous.

1. Les femmes **en** portent **une** de couleur blanche le jour de leur mariage.
2. On **en** porte **un** pour dormir.
3. On **en** porte quand on voit mal.
4. Les hommes **en** portent souvent **un** au travail.
5. On **en** porte aux pieds quand on fait du sport.
6. On **en** porte souvent **un** en hiver.

5 Élucidez ces charades.

Exemple : Mon premier est une partie du corps. → *bras*
Mon deuxième est un pronom réfléchi. → *se*
Mon troisième est une boisson de couleur blanche. → *lait*
Mon tout est un bijou. → *bracelet*

1. Mon premier n'est pas froid. → ....

Mon deuxième est un chiffre. → ....

Mon tout est un vêtement qu'on porte aux pieds. → ....

2. Mon premier est un animal que les souris n'aiment pas. → ....

Mon deuxième est un contenant utilisé par exemple pour la confiture. → ....

Mon tout est un accessoire qu'on porte sur la tête. → ....

3. Mon premier ne dit pas la vérité. Il .... → ....

Mon deuxième n'est pas tard. → ....

Mon tout est un vêtement qu'on porte souvent en hiver. → ....

Phonie-graphie

6 Le son [u].
Complétez le dialogue suivant avec *ou, où, oû, ous, out*.

– Bonj......r ! Je peux v...... aider ?

– Je v......drais essayer cette jupe r......ge en 40.

– Voilà.

– Et ...... se tr......ve la cabine ?

– Devant v...... . Alors ? Qu'en pensez-v...... ? Elle v...... plaît ?

– Elle n'est pas un peu trop c......rte ?

– Non, pas du t...... . Et puis v...... êtes r......sse, le r......ge v...... va très bien.

– Et elle c......te combien ?

– Soixante-d......ze euros.

– Ok, je la prends.

1 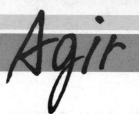 ▸ Livre de l'élève p. 130 **Relisez les 6 documents, puis associez les répliques au bon document. Attention, ces répliques ne sont pas dans les documents.**

	1	2	3	4	5	6
a. « Une petite fille ?! Super ! Et elle s'appelle comment ? »	☐	☐	☐	☐	☐	☐
b. « 30 ans ?! Déjà ! »	☐	☐	☐	☐	☐	☐
c. « Zut ! Je ne vais pas pouvoir y aller ! Je pars en Grèce en août. »	☐	☐	☐	☐	☐	☐
d. « Tu vas y aller, toi ? Moi, les soirées costumées, bof ! »	☐	☐	☐	☐	☐	☐
e. « Il l'a raté 3 fois ?! »	☐	☐	☐	☐	☐	☐
f. « C'est où, la rue des Cordeliers ? Près de la place de l'église ? »	☐	☐	☐	☐	☐	☐

2 **Complétez le faire-part ci-dessous avec les mots suivants.**

sœur – décembre – petit – cm – heureux – Anna – fière – naissance – kg – annoncer – 10 h 24 – Simon

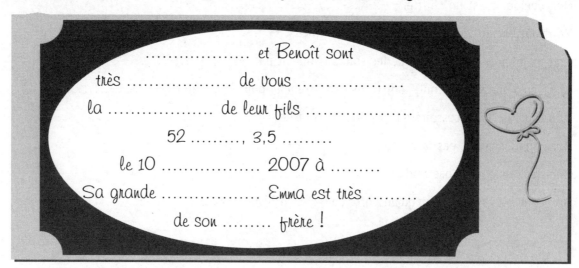

.... et Benoît sont

très .... de vous ....

la .... de leur fils ....

52 ...., 3,5 ....

le 10 .... 2007 à ....

Sa grande .... Emma est très ....

de son .... frère !

3 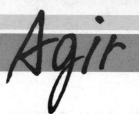 ▸ Livre de l'élève p. 131 **Réécoutez le document B, puis cochez la bonne réponse.**

1. Louis chatte avec :
☐ Amélie.
☐ Sophie.
☐ Romain.

2. Claudine ira au mariage d'Adeline avec :
☐ Louis.
☐ Loïc.
☐ Charles.

3. Pierre est né :
☐ le 2 juillet.
☐ le 5 juillet.
☐ le 30 juillet.

4. La maison de Sarah est :
☐ loin du centre-ville.
☐ dans le centre-ville.
☐ près du centre-ville.

5. La petite-fille de Madame Legrand est née :
☐ le 5 juin.
☐ le 7 juin.
☐ le 5 juillet.

4 Répondez au faire-part de l'exercice 2. Félicitez les parents pour cet heureux événement.

....

....

....

....

....

....

....

5 Remettez dans l'ordre le dialogue suivant.

a. Lya : Oui, très bien. Dis-moi, tu es libre le week-end prochain ? ....

b. Nathan : Félicitations ! ....

c. Nathan : Salut Lya ! Tu vas bien ? ....

d. Lya : Super ! À samedi ! ....

e. Nathan : Oui, pourquoi ? ....

f. Lya : Allô, Nathan? C'est Lya. ....1...

g. Lya : Merci ! Donc, j'organise une petite fête chez moi samedi soir pour fêter ça.

Tu viendras ? ....

h. Lya : Eh bien, je viens de réussir mes examens, alors... ....

i. Nathan : Bien sûr ! Avec plaisir ! ....

6 Répondez à l'invitation de Lya (exercice 5). Acceptez ou refusez cette invitation.

....

....

....

....

7 Sam et Rebecca organisent une grande fête pour célébrer leurs 10 ans de mariage.
Écrivez leur invitation.

....

....

....

....

GRAMMAIRE

Le futur simple

1 **Complétez le tableau ci-dessous.**

Infinitif	Je / J'	Tu	Nous	Ils
....	ferai	....	ferons	feront
....	....	iras	....	iront
....	écrirai	....	écrirons	....
....	apprendrai	....	apprendrons	....
pouvoir	....	pourras	....	....
....	verrai	....	verrons	....
....	....	t'habilleras	....	....

2 **Mettez les phrases suivantes au futur simple.**

Exemple : Elles vont faire des courses. → *Elles feront des courses.*

1. Nous allons nous marier dans 2 ans.

....

2. Ils vont venir à ton anniversaire ?

....

3. Tu vas pouvoir finir pour lundi prochain ?

....

4. Je ne vais pas lui téléphoner.

....

3 **Complétez ce programme de visite en mettant les verbes entre parenthèses au futur simple.**

Le premier jour, vous .... (arriver) à l'aéroport de Prague à 10 h 20. Là, un taxi

vous .... (conduire) à votre hôtel. Vous ....

(vous reposer) une heure, puis vous .... (déjeuner) au restaurant Savoy.

Ensuite, vous .... (aller) vous promener dans la ville. Vous .... (pouvoir)

y admirer la place de la vieille ville, le quartier juif, le château. Vous .... (voir) également

le magnifique pont Charles. Le deuxième jour, il .... (falloir) vous lever tôt.

Un guide vous .... (attendre) et vous .... (faire) avec lui un dernier

tour de la ville avant d'aller à l'aéroport. Votre avion .... (décoller) à 13 h 30

et vous .... (être) de retour à Paris à 15 heures.

4 Elsa se rend chez une voyante pour connaître son avenir. Écrivez les répliques de la voyante au futur simple à l'aide des dessins ci-dessous.

1. « Vous .... »

2. « .... »

3. « .... »

4. « .... »

5. « .... »

Le discours indirect

5 Complétez le dialogue suivant.

1. OLIVIA : Cette discothèque est super !
2. VANESSA : Qu'est-ce que tu dis ?

3. OLIVIA : Je dis ....

4. VANESSA : Oui, c'est vrai. Qu'est-ce que tu veux boire ?
5. OLIVIA : Quoi ?

6. VANESSA : Je te demande ....

7. OLIVIA : Rien pour l'instant. Oh, regarde le grand brun là-bas !!!
8. VANESSA : Est-ce que tu le connais ?
9. OLIVIA : Comment ?

10. VANESSA : Je te demande ....

11. OLIVIA : Oui, c'est le frère de Judith.
12. VANESSA : Pardon ?

13. OLIVIA : Je te dis ....

Bon, c'est impossible de discuter ici, viens, on va danser !

6 Transformez les phrases suivantes comme dans l'exemple.

Exemple : « Ouvrez vos livres ! » *Le professeur dit à ses étudiants d'ouvrir leurs livres.*

1. « Viens chez moi à 18 heures ! » Alizée dit à Jérémy ....

2. « Parlez plus lentement ! » La mère dit à ses enfants ....

3. « Prenez de l'aspirine, buvez beaucoup de thé et couchez-vous tôt ! »

   Le médecin dit à sa patiente ....

4. « Souriez et regardez bien l'objectif ! »

   Le photographe demande au mannequin ....

1 📖 ▶ Livre de l'élève p. 134 **Relisez le document A, puis répondez aux questions posées à Thomas. Attention, ces répliques ne sont pas dans les documents.**

1. – Allô Thomas, c'est Lucile. Je suis avec Thierry en voiture, mais on est complètement perdus.

– *Salut ! Bon, vous êtes où ?*

2. – Là, on est revenus au pont. On tourne à droite ou à gauche ?

– ....

3. – Ok. Au fait, tu es déjà arrivé, toi ?

– ....

4. – Si tôt ? Tu as tout préparé tout seul ?

– ....

5. – Attends ! Là, je vois un panneau... Roule moins vite Thierry ! On est à Varennes.

– ....

6. – En face de quoi ?

– ....

7. – Ta maison est de quelle couleur ?

– ....

8. – Ok, je vois plein de voitures... À tout de suite !

2 **Regardez le plan de Puylaroque et dites si les indications de localisation ou d'itinéraires sont vraies ou fausses. Complétez le tableau.**

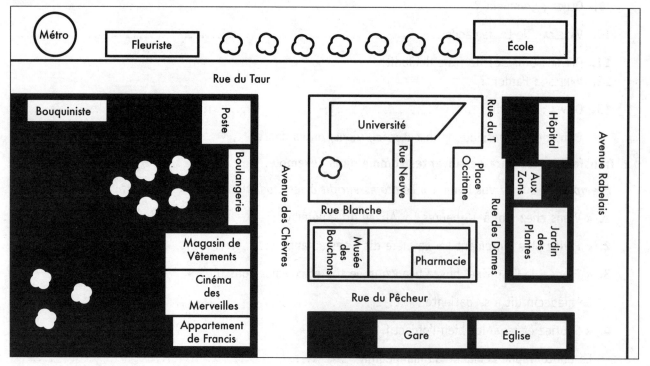

1. – Excusez-moi, le métro le plus proche s'il vous plaît ?

– Là-bas, regardez, juste après le fleuriste, en face du bouquiniste.

– Merci beaucoup. Au revoir !

> *Sur la plus belle place de la ville,*
> *venez profiter de notre terrasse.*
> *Osez manger aux zons !*
>
> Restaurant Aux Zons
> 3 place Occitane
> (suivre l'avenue Rabelais, puis
> prendre 2 fois à gauche rue du pêcheur)

2.

4. – On se retrouve au magasin de vêtements, ça marche ?

– Oui, mais je ne me rappelle plus où c'est.

– C'est facile. Tu fais comme si tu allais à l'hôpital.
Tu continues tout droit jusqu'au jardin des Plantes,
puis tu prends la rue du Pêcheur. Au bout de la rue
tu verras le cinéma des Merveilles. C'est juste à côté.

5. Si tu vas à la gare, achète 2 baguettes, s'il te plaît, il y a une boulangerie juste à côté.

3.

	1	2	3	4	5
Vrai					
Faux					

3 **Francis est chez lui (voir plan, exercice 2). Il doit aller à la pharmacie puis à l'université. Décrivez son itinéraire.**

Il sort de chez lui, ...

....

....

....

....

4 ▶ Livre de l'élève p. 135 **Réécoutez le document B et dites si c'est vrai ou faux.**

	Vrai	Faux
1. Ils vont tous dormir dans le salon.	☐	☐
2. Manon va partir travailler à l'étranger.	☐	☐
3. Il fait chaud aujourd'hui.	☐	☐
4. Manon danse avec Mounir.	☐	☐
5. Mounir voyage beaucoup avec son travail.	☐	☐
6. Manon et Laurent sont arrivés ensemble.	☐	☐

5 **Associez.**

1. Quoi de neuf ?

2. Tu as trouvé facilement ?

3. Entre et donne-moi ta veste.

4. Tu veux boire quelque chose ?

5. Sers-toi !

6. Alors qu'est-ce que vous devenez ?

7. Faites comme chez vous !

a. Merci, c'est sympa chez toi.

b. Oui, un jus d'orange, s'il te plaît.

c. Pas vraiment... je me suis perdue.

d. Et bien, moi, j'ai changé de travail et Paul reprend les études.

e. Pas grand-chose.

f. Merci, ça a l'air délicieux.

g. Tiens, voilà ! Merci.

GRAMMAIRE

L'hypothèse avec *si*

1 **Complétez la fin des phrases.**

1. Si tu n'as pas entendu, ...

2. Si nous voulons arriver à l'heure, ...

3. Si tu veux avoir de meilleures notes, ...

4. Si vous avez le temps, ...

5. Si elle veut maigrir, ...

6. Si tu as le CD de Calogero, ...

2 **Faites des phrases comme dans l'exemple.**

Exemple : Je suis fatiguée. → *Si je ne dors pas 8 heures par nuit, je suis fatiguée.*

1. J'arrive à 8 h 30. → ....

2. Le gâteau est meilleur. → ....

3. Il t'appelle. → ....

4. Nous partons en Corse. → ....

5. Vous ne venez pas. → ....

6. Les gens sont contents. → ....

Quand + futur

3 **Associez.**

1. Quand tu arriveras,   **a.** vous ne pourrez plus sortir aussi souvent.
2. Quand elle ira mieux,   **b.** tu pourras louer un appartement.
3. Quand vous aurez un enfant,   **c.** on ira tout de suite la voir.
4. Quand tu trouveras un travail,   **d.** il faudra faire attention : il y a des travaux.
5. Quand tu prendras à gauche,   **e.** on sera soulagé.

4 **Conjuguez les verbes entre parenthèses.**

1. Quand tu .... (rencontrer) la personne idéale, tu le .... (savoir).

2. Quand tu .... (arriver) sur la place, tu .... (voir) un bâtiment jaune

en face de toi.

3. Quand vous .... (venir), il .... (passer) vous voir.

4. Quand les places pour le concert .... (être) en vente, nous ....

(aller) les acheter.

5. Quand il .... (vivre) seul, il .... (devoir) se débrouiller.

5 Que feront-ils ? Regardez les dessins et imaginez ce qu'ils feront plus tard.

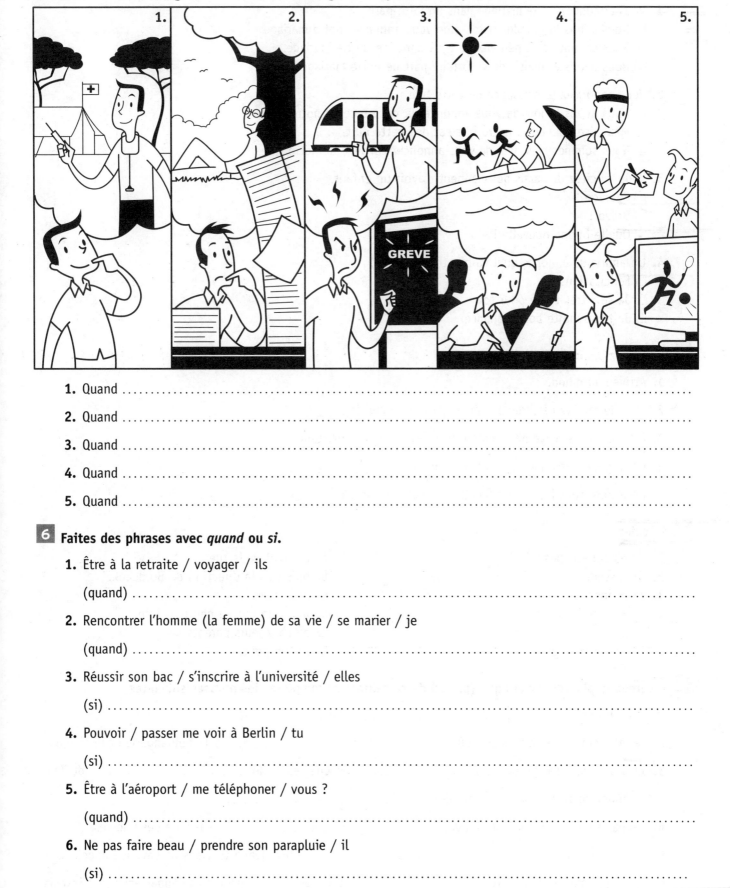

1. Quand ....

2. Quand ....

3. Quand ....

4. Quand ....

5. Quand ....

6 Faites des phrases avec *quand* ou *si*.

1. Être à la retraite / voyager / ils

(quand) ....

2. Rencontrer l'homme (la femme) de sa vie / se marier / je

(quand) ....

3. Réussir son bac / s'inscrire à l'université / elles

(si) ....

4. Pouvoir / passer me voir à Berlin / tu

(si) ....

5. Être à l'aéroport / me téléphoner / vous ?

(quand) ....

6. Ne pas faire beau / prendre son parapluie / il

(si) ....

Vocabulaire

1 **Cochez la (ou les) phrase(s) correcte(s).**

1. Vous annoncez votre mariage dans un faire-part.
- ☐ Nous avons la grande tristesse de vous annoncer notre mariage.
- ☐ Nous sommes très heureux de vous annoncer notre mariage.
- ☐ Nous avons le plaisir de vous faire part de notre mariage.

2. Vous annoncez la naissance de votre fille.
- ☐ Nous avons la joie de vous annoncer la naissance de notre fille.
- ☐ Mauvaise nouvelle : notre fille est née cette nuit.
- ☐ Nous sommes très fiers de vous annoncer l'arrivée de notre fille.

3. Vous félicitez des amis qui viennent d'avoir un enfant.
- ☐ Courage !
- ☐ Bravo !
- ☐ Quelle bonne nouvelle !

4. Un ami vous annonce qu'il va bientôt se marier.
- ☐ Félicitations !
- ☐ Je suis très triste pour toi.
- ☐ Je te souhaite bonne chance.

2 **Retrouvez les mots définis ci-dessous.**

1. Arrivée au monde : _ _ _ _ _ _ _ _ _

2. Fête de famille célébrée à l'église et/ou à la mairie : _ _ _ _ _ _ _

3. Petit carton envoyé pour annoncer un événement important : _ _ _ _ - _ _ _ _ _

4. On la pend dans une nouvelle maison : _ _ _ _ _ _ _ _ _ _ _

5. On le fête tous les ans en famille ou avec des amis : _ _ _ _ _ _ _ _ _ _ _ _

3 **Associez.**

1. Ils n'habitent pas loin	**a.** au bout de la rue.
2. Tu passeras	**b.** puis suis la direction de Bordeaux.
3. Va moins vite	**c.** et le bois.
4. C'est entre la rivière	**d.** il y a un feu un peu plus loin.
5. C'est	**e.** de chez leurs parents.
6. Prends le rond-point	**f.** sur un pont.

4 **Regardez le plan de Puylaroque (p. 110 de ce cahier) et complétez les phrases suivantes.**

1. L'hôpital est .... l'école.

2. Le magasin de vêtements se trouve .... la boulangerie et le cinéma.

3. La poste est à l'angle de .... des Chèvres et de .... du Taur.

Le bouquiniste se trouve un peu plus ....

4. L'appartement de Francis se trouve .... l'avenue des Chèvres.

5. La gare se trouve .... l'église quand tu viens de l'avenue Rabelais.

6. Le cinéma des Merveilles est .... le magasin de vêtements et l'appartement de Francis.

5 Reformulez.

Exemple : Tournez à droite. *Vous tournerez à droite.*

1. Tu ne prendras pas la première à droite mais la deuxième.

....

2. Vous devez encore traverser une rivière.

....

3. Continue tout droit jusqu'au pont.

....

4. Il faut ensuite prendre le bus 504.

....

6 Complétez le dialogue grâce au plan de Puylaroque (p. 110 du Cahier).

– Excusez-moi madame, je cherche le musée des Bouchons. ....

– Non, vous pouvez y aller à pied, ce n'est pas loin. Alors vous sortez de l'école...

– Par l'avenue Rabelais ?

– Non, ... Puis, ...

et ....

– Je traverse la place ?

– Oui et ....

– Très bien, merci beaucoup madame. Mais une dernière petite chose, vous connaissez un bon restaurant
dans le coin ?

– Oui, alors ....

....

– Merci, au revoir !

Phonie-graphie

7 Complétez les phrases avec *si*, *s'y*, *ci*, ou *six*.

– .... on allait au .... néma ce soir ?

– Pourquoi pas ? J'ai des courses à faire au centre cet après-midi. .... tu veux, on .... retrouve

à .... heures ?

– D'accord. Je dois y aller, je te laisse .... euros pour la tarte au .... tron, tu peux payer pour

moi ? Je suis pressée. À tout à l'heure !

– À plus tard, Cé.......... le !

Je peux donner mon avis et faire des appréciations

... / 5 (Comptez 1 point par bonne réponse.)

1 Retrouvez 5 phrases utilisées pour donner son avis et faire des appréciations.

1. Il n'est pas mal, ce pull.
2. J'ai acheté une robe en coton bio ce week-end.
3. Qu'est-ce que tu vas porter au mariage de Stuart ?
4. Je pense que c'est une très bonne idée.
5. Selon moi, c'est trop cher.
6. Marseille, c'est une ville qui me plaît beaucoup.
7. Je trouve que c'est un appartement magnifique !
8. Ils viennent d'avoir une fille.

Je peux accorder et placer correctement un adjectif

... / 5 (Comptez 1 point par bonne réponse.)

2 Répondez aux questions en plaçant l'adjectif entre parenthèses à la bonne place et en l'accordant en genre et en nombre.

1. Tu as rendez-vous avec une amie ? (italien) → Oui, ...

2. Ils habitent à quel étage ? (troisième) → Ils ....

3. Tu as une voiture ? (nouveau) → Oui, ...

4. Elle a acheté un manteau ? (marron) → Oui, ...

5. Tu as un frère ? (grand) → Oui, ...

Je peux utiliser le pronom *en* et les pronoms COI

... / 4 (Comptez 1 point par bonne réponse.)

3 Répondez aux questions suivantes.

1. Vous avez écrit à Adeline et Lucas ? Non, ...

2. Il met toujours un costume au bureau ? Oui, ...

3. Vous avez demandé à l'agent de police ? Non, ...

4. Il t'a téléphoné hier soir ? Oui, ...

Je peux échanger dans un magasin

... / 4 (Comptez 1 point par bonne réponse.)

4 Retrouvez les questions.

1. .... ?

Je fais du 40.

2. .... ?

Oui, s'il vous plaît, je cherche une veste pour mettre avec ce pantalon.

3. .... ?

Non, désolé, nous avons vendu la dernière.

4. .... ?

Le vert vous va très bien, mais elle est peut-être un peu trop petite.

Je peux comparer deux éléments
... / 4 *(Comptez 1 point par phrase correcte.)*

5 **Utilisez les éléments proposés et faites une phrase pour comparer les éléments.**

1. Virginie – Laurence – s'habiller – bien (+) ....

2. La robe bleue – la verte – être – cher (=) ....

3. Ils – eux – être – sympa (–) ....

4. Ton gâteau – sa tarte – être – bon (+) ....

Je peux parler au futur
... / 10 *(Comptez 1 point par verbe correct.)*

6 **Mettez les verbes entre parenthèses au futur simple.**

Quand je .... (être) grande, je .... (se marier) avec Théo.

Nous .... (avoir) une belle maison et 2 enfants. Nous .... (habiter)

dans un petit village au bord de la mer où il .... (faire) toujours très beau.

On .... (pouvoir) se promener, faire du sport et on .... (aller)

au restaurant tous les soirs. On y .... (manger) des glaces, on y ....

(boire) de la limonade, ce .... (être) super !

Je peux donner un itinéraire
... / 4 *(Comptez 1 point par bonne réponse.)*

7 **Reformulez les phrases suivantes.**

1. Il faut suivre la direction Nice. ....

2. Ne tourne pas à gauche maintenant ! ....

3. Au bout de la rue, prends à droite. ....

4. Vous continuerez tout droit jusqu'à la pharmacie. ....

Je peux faire des hypothèses avec *si*
... / 4 *(Comptez 0,5 point par verbe correct.)*

8 **Utiliser les éléments proposés et faites une phrase pour faire une hypothèse.**

1. Si / il / ne pas faire beau / regarder / un DVD.

....

2. Si / vous / venir / ne pas oublier de / prendre / vos sacs de couchage.

....

3. Si / on / avoir / Internet / on / pouvoir / trouver / facilement / des informations.

....

4. Si / on / rater / nos examens / on / devoir / redoubler.

....

↻ **Résultats : ... points sur 40**

PORTFOLIO

Portfolio

☹ 😐 ☺

Écouter 🎧

Je peux comprendre des questions simples sur mon identité.

Je peux comprendre des questions simples concernant mes coordonnées.

Je peux comprendre des personnes qui se présentent.

Je peux comprendre une personne qui parle de ses goûts.

Lire 📖

Je peux comprendre des mots familiers dans des documents courants
(fiche, publicité, couverture de magazine...).

Je peux repérer des informations sur les coordonnées d'une personne.

Je peux comprendre un message ou une annonce où une personne se présente.

Je peux comprendre des descriptions simples de personnes.

Parler en continu 💬

Je peux me présenter (nom, prénom, âge, nationalité).

Je peux donner des informations personnelles (adresse, numéro de téléphone,
adresse mél).

Je peux me décrire et décrire une personne (son physique, sa personnalité).

Je peux exprimer mes goûts.

Converser 💬

Je peux saluer quelqu'un, demander comment il va et prendre congé.

Je peux me présenter et présenter quelqu'un.

Je peux communiquer pour échanger des informations simples.

Je peux demander des nouvelles et donner de mes nouvelles.

Je peux dire comment je me sens.

Je peux communiquer pour échanger des informations sur les goûts.

Écrire ✏️

Je peux rédiger une petite annonce ou un message pour me présenter.

Je peux compléter un formulaire simple.

Je peux rédiger un mél simple pour donner de mes nouvelles.

Portfolio

☹ 😐 ☺

Écouter 🎧

Je peux comprendre une interview simple sur les loisirs.

Je peux comprendre une conversation à propos des vacances.

Je peux comprendre des témoignages simples sur les relations familiales.

Je peux comprendre des présentations de personnes (origine et lieu d'habitation).

Lire 📖

Je peux comprendre un questionnaire simple sur les loisirs.

Je peux repérer des informations sur les loisirs dans un document.

Je peux comprendre une carte postale de vacances.

Je peux comprendre un document descriptif simple concernant un hôtel.

Je peux comprendre des descriptifs simples d'objets.

Je peux comprendre des informations biographiques simples.

Je peux comprendre un message dans lequel une personne décrit son lieu d'habitation.

Parler en continu 💬

Je peux parler de mes activités de loisirs et de mes centres d'intérêt.

Je peux décrire des objets.

Je peux présenter ma famille.

Je peux décrire mon lieu d'habitation.

Converser 💬

Je peux interroger quelqu'un sur ses loisirs et répondre à des questions
sur le même thème.

Je peux m'adresser à une personne pour m'inscrire à une activité de loisirs.

Je peux interroger quelqu'un sur ses loisirs et centres d'intérêt.

Je peux parler de mes dernières vacances et interroger une personne sur les siennes.

Écrire ✒️

Je peux rédiger un message pour me présenter et donner des informations
sur mes centres d'intérêt et mes loisirs.

Je peux rédiger une carte postale de vacances.

Je peux rédiger un petit texte pour relater des événements passés.

☹ 😐 ☺

Écouter 🎧

Je peux comprendre un sondage simple sur les conditions de travail.

Je peux comprendre des informations sur le parcours professionnel d'une personne.

Lire 📖

Je peux comprendre un article sur la vie quotidienne d'une personne.

Je peux comprendre un jeu test simple.

Je peux repérer des informations sur un parcours scolaire dans des messages.

Je peux comprendre des offres d'emploi simples.

Parler en continu 💬

Je peux parler des habitudes quotidiennes.

Je peux donner des informations simples sur un règlement.

Je peux donner des informations sur mon parcours scolaire et/ou professionnel.

Je peux donner des informations simples sur un métier.

Converser 💬

Je peux discuter avec une personne pour fixer un rendez-vous.

Je peux demander et donner des informations sur un transport en commun.

Je peux demander et donner des informations dans une situation d'achat simple.

Je peux discuter à propos des habitudes de vie.

Je peux participer à un entretien professionnel simple.

Écrire ✒️

Je peux rédiger un petit texte sur les habitudes quotidiennes.

Je peux rédiger un règlement simple.

Écouter 🎧

Je peux comprendre des informations sur les activités d'un week-end passé.

Je peux comprendre des témoignages simples sur le récit d'une rencontre.

Lire 📖

Je peux comprendre un texte descriptif sur une ville.

Je peux comprendre des extraits d'un journal de vacances.

Parler en continu 💬

Je peux raconter une rencontre d'une manière simple.

Je peux donner des informations simples sur la météo d'un moment passé.

Je peux donner des appréciations sur un événement passé.

Je peux dire mon insatisfaction de manière simple.

Je peux présenter une ville.

Converser 💬

Je peux parler des activités passées et donner des appréciations.

Je peux demander et donner des informations simples sur un lieu.

Je peux demander et donner des informations simples sur une ville.

Écrire ✒️

Je peux rédiger des petits textes pour un journal de vacances.

Je peux rédiger un texte pour parler d'une ville.

Je peux rédiger un mél/une lettre pour raconter un problème de façon simple.

Portfolio

😞 😐 ☺

Écouter 🎧

Je peux comprendre des informations sur la mode (vêtements, accessoires).

Je peux comprendre une conversation entre un acheteur et un client.

Je peux comprendre un échange entre des personnes qui s'invitent.

Je peux comprendre une conversation entre des personnes qui parlent de leurs projets.

Lire 📖

Je peux comprendre un article simple sur la mode.

Je peux comprendre un blog où des personnes parlent d'elles et se décrivent.

Je peux repérer des informations sur une affiche annonçant un événement.

Je peux comprendre des faire-part et des invitations.

Je peux comprendre des indications sur un itinéraire.

Parler en continu 💬

Je peux parler de mes goûts sur les vêtements.

Je peux décrire et comparer des styles vestimentaires.

Je peux parler de ma vie passée.

Je peux expliquer un itinéraire.

Converser 🗨

Je peux donner mon avis dans une discussion simple sur la mode.

Je peux demander et donner des précisions sur des vêtements ou des accessoires.

Je peux participer à une conversation dans un magasin.

Je peux annoncer un événement important de ma vie.

Je peux inviter quelqu'un ; accepter ou refuser une invitation.

Je peux demander et donner des informations concernant une invitation.

Je peux demander et donner des nouvelles.

Écrire ✒

Je peux rédiger un petit texte sur la mode.

Je peux rédiger des conseils simples pour un(e) ami(e).

Je peux rédiger un faire-part, une invitation.

Je peux féliciter et remercier un(e) ami(e) par lettre.

Je peux rédiger un mél pour indiquer un itinéraire.

CORRIGÉS
des auto-évaluations

CORRIGÉS des auto-évaluations

MODULE 1

1 1. soixante et onze ; soixante-dix-sept ; quatre-vingt-un ; quatre-vingt-cinq ; quatre-vingt-seize.
2. 74 ; 79 ; 88 ; 93 ; 100.

2 Enzo : C'est le quatorze février. Vanessa : C'est le vingt-deux décembre. Martin : C'est le huit mars. Esther : C'est le vingt-sept juillet. Juliette : C'est le dix-neuf octobre.

3 va / est / a / téléphone / est / vas / suis / travailles / vais / déteste

4 1. Elle s'appelle Céline Gagnon. Elle est canadienne et informaticienne. Elle a 25 ans. Elle habite à Montréal.
2. Expression libre.

5 1. Tu t'appelles comment ?
2. Quelle est ta nationalité ?
3. Tu as quel âge ?
4. Tu as une adresse mél ?
5. Quel est ton numéro de téléphone ?

6 1b / 2e / 3d / 4a / 5c

7 1 / 2 / 5 / 8 / 9

8 1. Il aime bien la musique.
2. Nous n'aimons pas le sport.
3. Tu aimes bien la lecture.
4. Ils adorent danser.
5. Vous détestez les randonnées.

MODULE 2

1 1 / 3 / 5 / 7 / 8

2 1. Il va parfois au cinéma.
2. Elle sort souvent avec Virginie et Angélique.
3. Que fais-tu le vendredi soir ?
4. Nous allons à la piscine 2 fois par semaine.
5. Je lis rarement des bandes dessinées.

3 1. Quel âge avez-vous ?
2. Quel est ton sport favori ?
3. Qu'est-ce que tu fais demain ?
4. Comment va votre femme ?
5. Quel est ton animal préféré ?

4 1. une / La
2. une / la
3. un / L'
4. un / le
5. des / Les

5 cette / mon / tes / sa / son / leurs / cette / cette / cet / ces

6 Hier, je suis allé dans un grand magasin. J'ai acheté une table et des chaises. Puis je suis rentré chez moi. J'ai mis la table et les chaises dans le salon. Ensuite j'ai invité mes voisines à dîner. Elles sont arrivées à 20 heures. Nous avons mangé, bu, écouté de la musique. Elles sont parties à 23 heures.

7 1. de / au
2. d' / en
3. du / au
4. de / au
5. des / aux

8 1. trois cent sept + mille = mille trois cent sept.
2. sept cents + quatre cents = mille cent.
3. mille deux cent quatre-vingts + un million = un million mille deux cent quatre-vingts.
4. deux mille cent un + cent = deux mille deux cent un.
5. cinq cent un + trois mille deux cent cinq = trois mille sept cent six

MODULE 3

1 1 / 3 / 5 / 8 / 9

2 1. voudrais
2. c'est
3. Combien
4. Quel
5. la monnaie

3 1. Il est midi et demi. / Il est midi trente.
2. Il est quinze heures quarante-cinq. / Il est quatre heures moins le quart de l'après-midi.
3. Il est sept heures vingt du soir. / Il est dix-neuf heures vingt.
4. Il est deux heures dix. / Il est deux heures dix du matin.
5. Il est six heures et quart. / Il est six heures quinze.

4 **1.** a. il est en train de dormir ; b. je suis en train de regarder la télévision ; c. nous sommes en train de déjeuner ; d. elle est en train de prendre une douche.
2. a. Je ne vais pas travailler. b. Tu vas manger. c. Il va se dépêcher. d. Ils vont se reposer.

5 **1.** Je me lève tous les matins à 6 heures.
2. Tu te couches vers quelle heure ?
3. Nous ne nous maquillons pas tous les jours.
4. Ils se promènent souvent le week-end.

6 **1.** Il faut étudier. / Ouvre ton livre page 12, s'il te plaît !
2. Garez-vous ici ! / Il est interdit de conduire et de téléphoner en même temps.
3. Ne touchez pas les tableaux, s'il vous plaît ! / Il faut respecter les artistes.

7 études / médecine / année / stage / économie / examens / entreprise / emploi / chômage / travail

8 **1.** Je pars parce que ce n'est pas intéressant.
2. Il pleure parce qu'il est tombé de vélo.
3. Ils étudient l'espagnol pour pouvoir voyager en Amérique du Sud.

MODULE 4

1 Tu as envie d'aller au restaurant ? / Et après, un cinéma, ça te dit ? / Non, cet après-midi je suis déjà prise. / Oui, bonne idée !

2 **1.** pendant ; **2.** pendant ; **3.** depuis ; **4.** de juillet à septembre ; **5.** En.

3 **1.** b. Sylvie est une fille qui est super sympa.
2. c. J'aime beaucoup la ville que nous venons de visiter.
3. a. C'est un pays qu'on aimerait beaucoup visiter.
4. d. Il va louer l'appartement où nous avons vécu pendant 5 ans.

4 1e / 2d / 3a / 4c / 5b

5 **1.** Oui, j'y ai rendez-vous.
2. Non, elle n'y est pas allée.
3. Oui, ils s'y promènent souvent.
4. Non, nous n'allons pas y aller.

6 du / de la / des / de / des / du / des / d' / de / de / des / d'

7 1c / 2d / 3a / 4b / 5e

8 **1.** D'abord, ils se sont rencontrés, puis ils se sont mariés. Ils viennent de se séparer.
2. D'abord, je me suis rasé, puis je me suis habillé. Je viens de partir au travail.

MODULE 5

1 1 / 4 / 5 / 6 / 7

2 **1.** Oui, j'ai rendez-vous avec mon amie italienne.
2. Ils habitent au troisième étage.
3. Oui, j'ai une nouvelle voiture.
4. Oui, elle a acheté un manteau marron.
5. Oui, j'ai un grand frère.

3 **1.** Non, je ne leur ai pas écrit.
2. Oui, il en met toujours un.
3. Non, nous ne lui avons pas demandé.
4. Oui, il m'a téléphoné.

4 **1.** Vous faites du combien ?
2. Je peux vous aider ?
3. Vous avez cette veste en noir ?
4. Elle me va bien ?

5 **1.** Virginie s'habille mieux que Laurence.
2. La robe bleue est aussi chère que la verte.
3. Ils sont moins sympas qu'eux.
4. Ton gâteau est meilleur que sa tarte.

6 serai / me marierai / aurons / habiterons / fera / pourra / ira / mangera / boira / sera

7 **1.** Suivez la direction Nice.
2. Il ne faut pas tourner à gauche maintenant !
3. Au bout de la rue, tu prendras à droite.
4. Vous devrez continuer tout doit jusqu'à la pharmacie.

8 **1.** S'il ne fait pas beau, regarde un DVD.
2. Si vous venez, n'oubliez pas de prendre vos sacs de couchage.
3. Si on a Internet, on peut trouver facilement des informations.
4. Si on rate nos examens, on devra redoubler.

PISTES	MANUEL DE L'ÉLÈVE
1	Crédits
Leçon 0	
2–5	p. 10 Activité 5
6	p. 11 Activité 1
7	p. 11 Activité 5
8	p. 12 Activité 1
9	p. 12 Activité 3
10	p. 13 Activité 1
Module 1	
11–13	p. 16 Leçon 1 – Document A
14	p. 20 Leçon 2 – Document B
15	p. 31 Leçon 4 – Document B
Module 2	
16	p. 46 Leçon 6 – Document A
17	p. 52 Leçon 7 – Document A
18	p. 56 Leçon 8 – Document A
Module 3	
19	p. 68 Leçon 9 – Document B
20	p. 69 Leçon 9 – Document C
21	p. 78 Leçon 11 – Document A
22–24	p. 82 Leçon 12 – Document A
Module 4	
25–28	p. 94 Leçon 13 – Document B
29	p. 99 Leçon 14 – Document B
30	p. 104 Leçon 15 – Document A
31–33	p. 108 Leçon 16 – Document A
Module 5	
34–36	p. 121 Leçon 17 – Document B
37	p. 125 Leçon 18 – Document C
38–42	p. 131 Leçon 19 – Document B
43–45	p. 135 Leçon 20 – Document B

Achevé d'imprimer par Rotolito Lombarda - Italie
Dépôt légal: Janvier 2017 - collection n°31 - édition n° 08
15/5562/2